中国电动汽车充电基础设施
现状及发展趋势

张 博 吴鹏飞 著

机械工业出版社

随着电动汽车推广规模的不断扩大,我国电动汽车充电基础设施行业迈入了全新的发展阶段。本书从全球电动汽车充电基础设施行业发展的总体情况入手,全面阐述了我国电动汽车充电基础设施在市场、技术、标准、政策、商业模式等方面的发展现状,并深入分析了充电基础设施行业面临的问题和未来的发展趋势。

本书适合从事电动汽车及其充电基础设施研发、制造、运营和推广相关工作的人员阅读,也可供相关行业研究人员和相关专业高校师生参考。

图书在版编目(CIP)数据

中国电动汽车充电基础设施现状及发展趋势 / 张博,吴鹏飞著. — 北京:机械工业出版社,2021.11
ISBN 978-7-111-69243-0

Ⅰ.①中… Ⅱ.①张…②吴… Ⅲ.①电动汽车 – 充电 – 基础设施建设 – 研究 – 中国 Ⅳ.①U469.72

中国版本图书馆CIP数据核字(2021)第200059号

机械工业出版社(北京市百万庄大街22号 邮政编码100037)
策划编辑:孟 阳 责任编辑:孟 阳 郑 晨
责任校对:孙莉萍 封面设计:马精明
责任印制:常天培
北京铭成印刷有限公司印刷
2022年1月第1版第1次印刷
169mm×239mm・7.5印张・117千字
0001—2500册
标准书号:ISBN 978-7-111-69243-0
定价:99.90元

电话服务 网络服务
客服电话:010-88361066 机 工 官 网:www.cmpbook.com
　　　　　010-88379833 机 工 官 博:weibo.com/cmp1952
　　　　　010-68326294 金 书 网:www.golden-book.com
封底无防伪标均为盗版 机工教育服务网:www.cmpedu.com

前言 Preface

发展新能源汽车是我国从汽车大国迈向汽车强国的必由之路。在主管部门、行业组织、重点企业、高等院校和研究机构的共同努力下，我国电动汽车产业快速发展，车辆销量连续多年全球领先，截至2020年底，累计销量超过550万辆，全球占比超过50%。

完善的充电服务网络是电动汽车推广的重要基础。随着电动汽车推广规模的快速扩大，充电基础设施行业也迎来了全新的发展阶段：行业政策不断推陈出新，技术创新发展日新月异，商业模式迭代灵活多元。如何针对行业新的发展需求，进一步大力推进充电基础设施建设，仍然是电动汽车推广应用的紧迫任务。

本书从全球充电基础设施行业发展的总体情况入手，全面阐述了我国电动汽车充电基础设施在市场、技术、标准、政策、商业模式等方面的发展现状，深入分析了充电基础设施行业面临的问题和未来的发展趋势。

由于时间仓促，书中难免有不足之处，欢迎读者批评、指正。希望本书能够为从事新能源汽车及基础设施研发、制造、运营和推广工作的相关人员提供有益参考。

目录 Contents

前言

第1章　全球充电基础设施发展概况　// 1

1.1 国外充电基础设施建设情况　// 1

1.1.1 美国　// 2
1.1.2 欧盟　// 2
1.1.3 日本　// 5

1.2 国外充电基础设施支持政策　// 5

1.2.1 美国　// 5
1.2.2 欧盟　// 5

1.3 国外充电基础设施运营模式　// 6

1.3.1 美国：轻资产运营+车企主导　// 6
1.3.2 欧洲：能源及车企龙头主导　// 7
1.3.3 日本：配套服务为主　// 8

第2章　我国充电基础设施建设概况　// 10

2.1 整体发展情况　// 10

2.1.1 市场规模平稳快速增长　// 10
2.1.2 公共桩仍以交流为主，专用桩增速较快　// 11
2.1.3 车桩比持续改善　// 13
2.1.4 直流充电桩功率不断上升，充电模块单价逐年降低　// 13

2.1.5 充电量在新冠肺炎疫情缓解后快速恢复 // 15
2.1.6 私人充电桩增速超过公共充电桩 // 16

2.2 分区域发展情况 // 16

2.2.1 东部省市充电网络较为完善 // 16
2.2.2 东部省市交流公共充电桩占比较高，中部省市以直流充电桩为主体 // 20
2.2.3 布局集中度有所下降，全国充电网络同步实现增长 // 20

第3章 我国充电技术发展现状及趋势 // 23

3.1 传导式充电技术 // 23

3.2 换电技术 // 24

3.2.1 换电技术分类 // 24
3.2.2 换电技术的优势和劣势 // 25
3.2.3 换电技术发展趋势 // 26

3.3 大功率充电技术 // 28

3.3.1 大功率充电定义 // 28
3.3.2 大功率充电关键技术 // 28
3.3.3 大功率充电技术方案 // 30
3.3.4 大功率充电示范项目 // 32
3.3.5 大功率充电发展趋势 // 33

3.4 V2G 技术 // 35

3.4.1 V2G 技术定义 // 35
3.4.2 V2G 技术要点 // 36
3.4.3 V2G 技术示范应用现状 // 37
3.4.4 V2G 技术发展路径 // 38
3.4.5 V2G 技术未来应用趋势 // 39

3.5 无线充电技术 // 40

3.5.1 无线充电技术定义 // 40
3.5.2 无线充电技术的优势和劣势 // 40

3.5.3 无线充电示范项目 // 41

3.5.4 无线充电未来应用趋势 // 43

3.6 我国充电技术整体发展趋势 // 44

第4章 我国充电基础设施标准现状 // 45

4.1 标准制定主体 // 45

4.2 标准发展历程 // 45

4.3 标准制定程序 // 46

4.4 标准体系分类 // 47

4.5 标准化工作重点 // 50

4.5.1 加快新技术标准制修订 // 50

4.5.2 加强充电设施运维标准建设 // 50

4.5.3 建立综合标准化体系 // 51

4.5.4 全面参与国际标准制定 // 51

4.6 部分重点标准进展 // 52

4.6.1 大功率充电标准进展 // 52

4.6.2 V2G 标准进展 // 56

4.6.3 无线充电标准进展 // 57

4.6.4 充换电设施消防安全标准进展 // 59

4.6.5 充电设施互联互通标准规范进展 // 59

4.6.6 换电领域标准进展 // 60

4.6.7 未来充电技术标准制定方向展望 // 61

第5章 我国充电基础设施支持政策现状 // 62

5.1 国家层面充电基础设施政策 // 62

5.1.1 财政补贴 // 64

5.1.2 发展规划 // 65

5.1.3 管理规范 // 66

5.2 地方层面充电基础设施政策及发展趋势 // 67

 5.2.1 地方支持政策整体现状 // 67
 5.2.2 地方建设规划逐步完善 // 68
 5.2.3 建设补贴标准倾向于依据充电功率，直流充电桩补贴比例较高 // 70
 5.2.4 资金支持倾向于运营阶段补贴 // 74
 5.2.5 充电服务费价格偏向于市场化调节 // 77
 5.2.6 行业监督管理逐步加强 // 78

5.3 重点区域充电基础设施政策分析 // 79

 5.3.1 重点区域 // 79
 5.3.2 北京市 // 80
 5.3.3 上海市 // 82
 5.3.4 广州市 // 85

5.4 充电基础设施政策发展趋势总结 // 86

第6章 我国充换电商业模式现状 // 87

6.1 充电商业模式的发展历程 // 87

6.2 主流商业模式 // 89

 6.2.1 充电运营商主导 // 89
 6.2.2 车企主导 // 91
 6.2.3 第三方平台主导 // 92

6.3 我国充电运营产业发展情况 // 93

 6.3.1 产业链整体情况 // 93
 6.3.2 市场资源向头部企业聚集，马太效应显现 // 95
 6.3.3 行业发展痛点在于盈利难、充电不便利 // 97

6.4 未来商业模式发展趋势 // 98

 6.4.1 B端充电服务将带动企业逐步实现盈利 // 98
 6.4.2 换电模式探索将进入新阶段 // 99
 6.4.3 不同类型运营企业将实现差异化经营 // 100

6.4.4 核心竞争力将由资金优势转向综合运营能力优势 // 101
6.4.5 企业进一步加大投资，融资渠道拓宽 // 101
6.4.6 运营主体进一步多元化 // 102
6.4.7 互联互通进一步加强，利益分配成为关键因素 // 104
6.4.8 增值服务模式将更加多元化 // 106

第7章 充电基础设施未来发展趋势总结 // 107

参考文献 // 109

第1章 全球充电基础设施发展概况

充电基础设施作为电动汽车能源补充的重要方式,是电动汽车产业可持续健康发展的关键因素和先决条件。因此,充电基础设施的发展得到了全球各国政府的大力支持,投入了大量资金和政策以促进充电基础设施的建设发展。

1.1 国外充电基础设施建设情况

充电基础设施作为电动汽车的配套设施,全球分布格局基本与电动汽车产销分布一致。根据"欧洲替代燃料观察组织"(European Alternative Fuels Observatory,EAFO)统计的数据,截至2019年底,全球公共充电桩保有量约92.7万个,其中我国保有量为51.6万个,市场占比为55.7%,欧洲、美国、日本充电桩保有量占比分别为25.8%、7.8%和3.5%。全球主要国家公共领域充电基础设施保有量(截至2019年底)见表1-1。

表1-1 全球主要国家公共领域充电基础设施保有量(截至2019年底)

序号	国家	数量/万个
1	中国	51.6
2	美国	7.2
3	德国	3.9
4	荷兰	5.1
5	日本	3.2

(续)

序号	国家	数量/万个
6	法国	2.9
7	英国	2.6
8	挪威	1.3
9	意大利	0.9
10	瑞典	0.8

美国、欧盟、日本的充电桩发展特点各不相同。美国居住环境较为宽敞，家庭停车位充足，私人充电桩建设方便，因此对公共充电桩的需求相对较弱；欧盟交流慢充占比较高，高速公路、企业快速充电桩布局较为成熟，且大功率充电桩已进入商用化应用阶段；日本在新能源汽车领域更侧重于燃料电池路线，因此充电设备建设规模相对较小，以公共充电桩为主，但在技术研发、标准推行等方面走在全球前列。

1.1.1　美国

美国充电服务行业相对成熟，充电桩建设增速平稳，目前保有量居全球第二位。根据美国能源信息署统计，2019 年，美国电动汽车（纯电动汽车＋插电式混合动力汽车，即 EV+PHEV）销量为 32.6 万辆，市场渗透率 1.9%。截至 2019 年底，美国已建成各类充电桩超过 50 万个，整体车桩比约为 2.4∶1，由于家庭住宅类型的差异，美国电动汽车车主配建家用充电桩的比例超过 80%，大多数车主选择使用私人充电桩充电。全美公共充电桩约有 7.2 万个，车桩比约为 17.5∶1，仅占充电桩总量的 14%。公共充电桩一般位于商场、超市等车流密集的公共场所以及洲际高速公路沿线，主要分布在东部和西部的沿海地区。其中，加利福尼亚州的充电桩保有量最多，有 2.1 万个，占全美总量近 30%，其次是佛罗里达州、纽约州以及得克萨斯州等。美国近年公共充电桩保有量发展情况如图 1-1 所示。

1.1.2　欧盟

根据 EAFO 统计的数据，截至 2019 年底，欧洲公共充电桩保有量为 21.1 万个，其中交流充电桩 18.7 万个，直流充电桩 2.4 万个，直流充电桩占比仅为

11%，远低于我国直流充电桩 40% 的占比。2019 年全欧新建公共充电桩 5.8 万个，同比增长 224%。欧洲电动汽车销量与公共充电桩增长情况如图 1-2 所示。

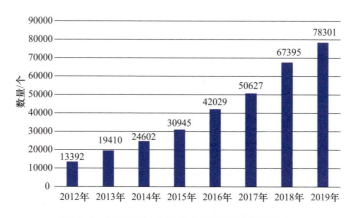

图 1-1　美国近年公共充电桩保有量发展情况

图 1-2　欧洲电动汽车销量与公共充电桩增长情况

在公共充电领域，欧洲以高速公路充电桩为核心，目前欧洲高速公路平均每 100km 建有充电桩 33 个，挪威甚至达到 780 个 /100km。由于排放限值较为严格，欧洲车企进入新能源汽车领域较早，宝马、福特、戴姆勒和大众于 2017 年合资成立充电运营商 IONITY，到 2020 年已在全欧洲建成 250 余座充电站，网络化布局已显成效。壳牌、英国石油、道达尔等欧洲传统能源巨头也较早提出了新能源业务替代计划，如道达尔宣布将于 2025 年在欧洲运营 15 万个充电桩。

依靠着高速路高密度充电网络、车企和能源企业的大力推动、大功率充电桩的应用等措施，欧洲以较少的公共直流充电桩数量，满足了现阶段电动汽车的远途出行充电需求。

欧洲各国公共充电桩的分布较为均衡，建设规模与各国电动汽车保有量紧密相关，作为新能源汽车的主要市场，英国、德国、法国以及荷兰的充电桩保有量较多，且2019年新建充电桩数量同比增长均在100%以上。其中，荷兰和德国新增规模超过1万个，而挪威因充电桩市场基本饱和，新增数量与2018年基本持平，其他国家平均增长幅度约为66%。2019年欧洲主要国家新增充电桩数量及保有量情况见表1-2。

表1-2 2019年欧洲主要国家新增充电桩数量及保有量情况

国家	新增量/个			保有量/个		
	2018年	2019年	同比增长	2018年	2019年	同比增长
荷兰	3356	13722	308.9%	36870	50592	37.2%
德国	1761	12827	628.4%	26464	39291	48.5%
英国	2317	9140	294.5%	17954	27094	50.9%
意大利	616	5743	832.3%	3433	9176	167.3%
法国	2704	5419	100.4%	24282	29701	22.3%
挪威	1762	1716	−2.6%	12047	13763	14.2%
西班牙	120	475	295.8%	5028	5503	9.4%
其他欧洲国家	5146	8555	66.2%	27763	36318	30.80%
欧洲合计	17782	57597	223.9%	153841	211438	37.4%

欧洲充电基础设施的发展也存在一定的阻碍因素，主要包括：

1）土地私有制限制目的地充电桩建设。以德国为代表的欧洲国家普遍采用土地私有制，政府制订的商场、超市公共充电桩建设计划，需要经土地所有者同意，因此，欧洲目的地充电桩建设数量略显不足。

2）充电桩接口标准不统一。欧洲公共充电桩标准，特别是直流快充接口标准不统一，目前欧洲主要有两大类接口标准，分别为日本车企主导的"日本电动汽车快速充电器协会"（CHAdeMO）标准和欧美车企主导的"联合充电系统"（CCS Combo）标准，不同接口标准的充电桩重复建设，影响了电动汽车公共充电的兼容性。

3）公共充电桩的补贴资金不足，行业竞争不充分。目前，欧洲各国政府对于电动汽车行业的发展仍是以促进车辆的补贴和使用为主，对于公共充电桩的建设补贴资金相对较少，公共充电桩的建设主要依靠车企和能源企业来牵头推动，而以充电设备商为主导的第三方充电服务商数量极少，行业竞争不充分。

1.1.3 日本

日本私人充电桩的建设门槛较高，因此主要以公共充电网络建设为主。截至 2019 年底，日本电动汽车保有量为 28.5 万辆，公共充电桩保有量为 3.2 万个，车桩比约为 8.9∶1。日本公共充电桩主要建设在购物场所、名胜观光区、游乐场、医院、公园、美术馆、高尔夫球场、旅馆、酒店和饭馆等地。

1.2 国外充电基础设施支持政策

1.2.1 美国

美国联邦政府以及各州政府对于私人充电桩的建设、安装都给予了一定的扶持政策。美国联邦政府规定每建设一个家庭充电桩可获得最高 2000 美元的抵税优惠。加利福尼亚州政府规定，私人用户每安装一个 240V 壁挂式充电桩可获得 750 美元的补贴，同时要求超过 17 家住户的住宅区停车场必须为电动汽车充电桩预留至少 3% 的面积。

2016 年，美国交通运输部规划在高速公路上建设充电站网络，覆盖 35 个州、2.5 万 mile 高速公路，实现每 50mile 设置一座充电站。2021 年 2 月，美国汽车新闻（Automotive News）报道美国民主党议员正在推动"电动汽车自由法案"（Electric Vehicle Freedom Act）立法草案，旨在推动五年内在美国建立数十万座电动汽车充电站，形成全面的高速充电网络。

1.2.2 欧盟

欧盟于 2020 年出台了《交通运输体系绿色转型计划》，提出到 2025 年在全欧洲范围内部署大约 100 万个公共充电桩，并计划在 2030 年建成 300 万个公共充电桩。

英国于 2019 年底启动了一笔 4 亿英镑的投资基金，希望到 2024 年新增 3000 座公共快速充电站。2020 年 5 月，英国交通部承诺追加 1000 万英镑拨款。

法国"未来投资计划"（PIA）拨付了 6100 万欧元用于建设 2 万余个充电桩，计划自 2016 年 2 月 10 日起资助商店或企业停车场和集体住房安装 1.2 万个私人充电桩。此外，2015 年颁布的《绿色发展能源过渡法》设定了到 2030 年建立 700 万个充电站点的目标。

德国政府宣布，到 2022 年，将累计投资 35 亿欧元推动公共充电桩的数量增加到 5 万个，另外投资 5000 万欧元用于支持非公共领域充电桩建设。到 2030 年，德国公共充电桩总数达到 100 万个。德国政府近期要求，每个加油站都必须安装电动汽车充电桩，同时宣布将在电芯和充电基础设施方面再投资 25 亿欧元。

1.3　国外充电基础设施运营模式

1.3.1　美国：轻资产运营 + 车企主导

美国充电桩运营主体主要包括专业充电设施运营商和以特斯拉为代表的整车企业。同时，车企在配建私人充电桩时多选择与专业运营商合作。

1. 独立运营企业主导

美国最大的独立充电桩运营企业为 ChargePoint，业务覆盖北美、欧洲、亚洲的多个国家，是典型的轻资产模式运营商。2015 年起，ChargePoint 与大众、宝马开展合作，在美国建设快速充电站网络，以推动品牌旗下电动汽车在美国的销售。作为美国充电桩运营龙头企业，ChargePoint 在美国市场占有率超过 75%，截至 2020 年 8 月，全球共建成 11.5 万个充电桩，并计划到 2025 年之前完成 250 万个充电桩建设。

ChargePoint 充电站可提供多种类型的充电端口，CCS Combo、CHAdeMO 以及交流充电接口均可匹配，充电设备多采用模块化平台，可根据电动汽车的需求分配充电功率，如 Express Plus 直流充电桩功率最高可达 500kW。

ChargePoint 不持有充电桩资产，主要业务是销售充电桩和联网服务，通过多元化的商业收益模式，将新能源汽车用户、充电站经营业主、车企有效融合，从而收取一定网络费、交易费、维护服务费，并可针对专用、私人、社公用等多种应用场景设定不同的管理系统，方便业主自主选择收费模式。

2. 以特斯拉为代表的车企主导

特斯拉是车企自建并运营充电桩的代表。截至 2020 年底，特斯拉累计销售约 140 万辆电动汽车，在全球建有超过 2 万个超级充电桩，车桩比约为 70∶1。特斯拉快充技术发展较早，已商业化应用的超级充电桩 Supercharger V3 能够实现 250kW 的峰值功率。特斯拉充电桩建设基本已经实现了全球布局，特斯拉超级充电桩北美分布图如图 1-3 所示。

图 1-3　特斯拉超级充电桩北美分布图

特斯拉充电站大部分按用电标准收取充电服务费。以美国为例：充电费用标准为 0.28 美元 /kW·h；部分地区采用分钟计费，功率 60kW 以上的充电桩收取 0.266 美元 /min，功率 60kW 以下的充电桩收取 0.136 美元 /min。当充电站内充电桩即时占用率在 50% 以上时，若充电完成的电动汽车没有在 5min 之内离开，则将收取额外的闲置费 0.26 美元 /min。

1.3.2　欧洲：能源及车企龙头主导

欧洲充电设施运营主体较为多样，充电运营企业主要包括传统能源企业、车企和电力公司等，资金普遍较为雄厚，通过自运营或投资建立子公司等方式经营充电业务。

1. 传统能源企业主导

欧洲传统石化能源企业较为重视电动化转型，通过收购等方式进入充电服务市场，并积极开展与车企的电动化合作。

法国石油业巨头道达尔依托自营加油站建设充电站，于 2016 年投资 10 亿美元对锂电池制造商 SAFT 进行收购，布局电动交通与充电业务，2017 年初收购荷兰天然气运营商 PitPoint，同时覆盖充电桩相关业务。

壳牌于 2016 年成立了新能源部门，2017 年 10 月收购荷兰充电设备建设及运营商 NewMotion，在家庭自用停车场及现有加油站等地开展充电桩建设业务。2019 年，NewMotion 与福特汽车达成合作，为福特提供智能充电方案。同年，壳牌全资收购美国电动汽车充电和能源管理技术公司 Greenlots，在北美发展移动充电解决方案，并与太阳能、风能和电力存储等先进能源技术进行整合。

2. 车企主导

为了提升电动汽车客户用车体验，欧洲车企主导了充电设施领域布局。2017 年，宝马、福特、现代起亚、戴姆勒和大众合资成立了电动汽车充电运营商 IONITY，专注于推动大功率充电网络建设。IONITY 采用 CCS 充电标准，可匹配欧洲大部分车型，第 4 代 IONITY 充电桩最高可支持 350kW 的充电功率，已实现商业化应用。IONITY 计划 2020 年在欧洲地区建成 400 座大功率快速充电站，平均每个站点设有 6 个充电桩，截至 2020 年 7 月已建成 251 座，在建 49 座。IONITY 在欧洲范围内的充电桩布局如图 1-4 所示。

IONITY 于 2020 年初公布了新的充电计费方式，从当年 2 月 1 日起，充电费用将逐步上涨。此前采用按次收费标准，单次充电收费 8 欧元，若充 60kW·h 电量，约合 0.13 欧元/kW·h。新收费标准将统一按照 0.79 欧元/kW·h 的标准进行收费。IONITY 此举将大幅提高电动汽车日常出行成本，但公司具有较高的市场占有率和一定的客户黏性，盈利能力将显著提高。

1.3.3 日本：配套服务为主

日本充电桩建设运营采取政府资金支持技术研发、车企投资模式，主要有两类参与主体：一是由 CHAdeMO 体系认证的中小充电设备商；二是丰田、日产、本田、三菱等本土企业与日本政策投资银行共同出资设立的日本充电服务公司 NCS。

图 1-4　IONITY 在欧洲范围内的充电桩布局

为了集中资源、统一管理充电桩的建设与运营，2014 年，NCS 成立后采用重资产模式运营，承担充电设施的建设费用以及 8 年的保修费用，对日本中小运营商的分散式充电桩进行联网管理，电动汽车车主使用该企业的充电卡可在任何已加入 NCS 网络的充电桩上充电。NCS 公司商业模式如图 1-5 所示。

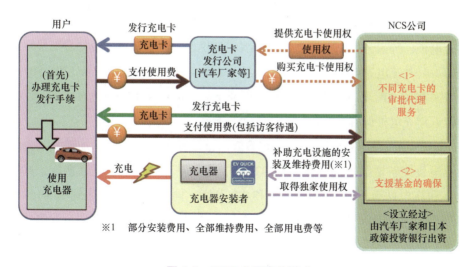

图 1-5　NCS 公司商业模式

第 2 章
我国充电基础设施建设概况

作为电动汽车发展的重要影响因素，充电基础设施一直是我国政府重点支持的方向。随着新能源汽车的保有量增加，我国充电基础设施的保有量也呈逐年上涨的态势。

2.1 整体发展情况

2.1.1 市场规模平稳快速增长

根据充电联盟统计，截至 2020 年底，全国范围内共建成各类充电桩 167.7 万个，其中私人充电桩 87 万个，公共充电桩 80.7 万个，含 14.5 万个居民区公共充电桩，约占公共充电桩总数的 18%，居民区公共充电桩建设初步形成一定规模。公共充电站约 6.38 万座，换电站 555 座，充换电设施覆盖城市约 450 个，涵盖了我国 90% 以上的城市。2020 年全年充换电量突破 100 亿 kW·h 大关。我国近年充电桩保有量变化情况如图 2-1 所示。

2015 年，在国家层面明确的政策鼓励下，充电桩行业开始加速发展，各类充电设施新增数量快速提升。2020 年，在新基建政策鼓励下，新增公共充电桩和充电站分别达到 29.1 万个和 2.8 万座，同比增幅分别达到 125.7% 和 253.6%，创历年新增数量之最。充电设施整体规模不断扩大，表明行业整体仍保持上涨态势，运营企业对未来新能源汽车和充电桩行业的发展较为乐观。但私人充电桩新增数量在 2018 年达到 24.5 万个后开始逐年减少，说明私人充电桩安装率趋于饱和。我国近年各类充电桩变化情况如图 2-2 所示。

图 2-1 我国近年充电桩保有量变化情况

图 2-2 我国近年各类充电桩变化情况

2.1.2 公共桩仍以交流为主,专用桩增速较快

公共充电桩建设月增速整体呈现提升趋势,2019 年至 2020 年间,月均新增 1.7 万个。受新冠肺炎疫情影响,2020 年初月度新增数量较少,进入 8 月后,受新基建政策激励,公共充电桩建设需求得到充分释放,12 月新增充电桩 11.2 万个,创历年单月新增数量纪录。2019—2020 年我国公共充电桩月新增情况如图 2-3 所示。

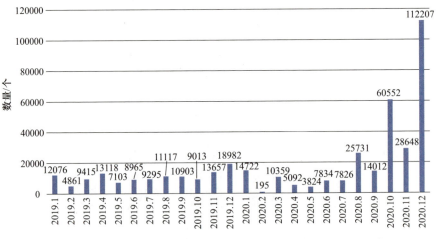

图 2-3　2019—2020 年我国公共充电桩月新增情况

在全国约 80.7 万个公共充电桩中，交流慢充桩达到 49.8 万个，直流快充桩 30.9 万个，交直流一体桩 481 个。受私人电动汽车占比快速上升的影响，交流公共充电桩占比略有提高，由 2016 年的 40% 提高到 2020 年的 61.7%。总体来看，近年公共交、直流充电桩的比例基本保持在 6∶4 左右，符合目前市场需求。随着电动汽车快充性能的提升，用户对快充的需求将增加，预计未来公共直流充电桩的保有量占比和单桩功率将有所提升。2016—2020 年我国公共交、直流充电桩数量及占比变化情况如图 2-4 所示。

图 2-4　2016—2020 年我国公共交、直流充电桩数量及占比变化情况

从充电桩服务用户角度区分，面向公众的城市公共充电桩数量为51.7万个，面向公交、物流等运营车辆的专用充电桩数量为29.1万个。由于运营车辆的加速电动化以及稳定的充电收益，近年来专用充电桩数量及占比提升较快，尤其是2020年，专用充电桩新建数量达到19万个，成为公共充电桩的建设重点。2016—2020年我国公共充电桩和专用充电桩数量及占比变化情况如图2-5所示。

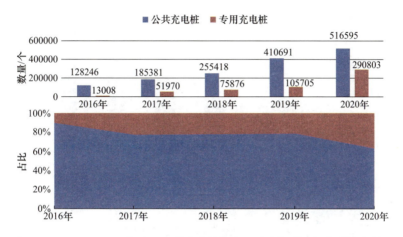

图2-5　2016—2020年我国公共充电桩和专用充电桩数量及占比变化情况

2.1.3　车桩比持续改善

2015年起，我国充电桩建设速度明显加快，整体车桩比持续改善，2015—2020年，车桩比由7.4∶1提升至2.9∶1，公共车桩比也基本稳定在6∶1左右。充电桩建设重点已经由追求规模转向合理布局和精细化运营，充电桩功率的提升和私人充电桩的建设也能部分弥补公共充电桩数量上的不足，预计未来车桩比将基本保持稳定。2015—2020年我国车桩比变化情况如图2-6所示。

2.1.4　直流充电桩功率不断上升，充电模块单价逐年降低

目前，市场占比较高的交流充电桩功率基本保持在8kW左右，未来随着交流快速充电桩数量的增加，平均功率可能小幅提高。直流充电桩功率近年增加较快，主要是一桩双枪、柔性充电等技术的应用，以及乘用车快充性能的

提升、运营车辆专用充电桩增多等因素所致,但2019年后基本保持缓慢增长趋势,功率的进一步提升需要等待车辆快充性能提升及大功率充电桩的普及。2016—2020年我国公共交流充电桩和公共直流充电桩平均功率变化情况如图2-7所示。

图2-6　2015—2020年我国车桩比变化情况

图2-7　2016—2020年我国公共交流充电桩和公共直流充电桩平均功率变化情况

另外,随着充电技术的逐渐成熟,直流充电桩功率模块成本明显降低。2019年,直流功率模块降至0.4元/W,仅为2016年的30%。但直流充电桩单桩成本在2017年之后下降并不明显,主要由于在功率模块成本下降的同时,直流充电桩功率也在逐步上升,单桩成本基本保持稳定。2014—2019年我国新增直流充电功率模块单价及单桩均价变化情况如图2-8所示。

图 2-8 2014—2019 年我国新增直流充电功率模块单价及单桩均价变化情况

2.1.5 充电量在新冠肺炎疫情缓解后快速恢复

2020 年，根据充电联盟统计，在不含国家电网充电桩的情况下，全国总充电量约为 70.57 亿 kW·h，较 2019 年的 51.65 亿 kW·h 增加 36%，全年全社会总充电量突破 100 亿 kW·h，再创历史新高。2020 年第一季度，受疫情影响，电动汽车充电量大幅下降。疫情缓解之后，电动汽车使用率明显回升，单个公共充电桩月度充电量突破了 1200kW·h，电动汽车充电规律逐步恢复正常。2019—2020 年我国公共充电桩月度充电量及单桩月充电量（不含国家电网）如图 2-9 所示。

图 2-9 2019—2020 年我国公共充电桩月度充电量及
单桩月充电量（不含国家电网）

2.1.6 私人充电桩增速超过公共充电桩

截至 2020 年底，统计 124.5 万辆乘用车共配建私人充电桩 87.4 万个（其中直流充电桩 570 个），近 2 年月均新增私人充电桩 1.6 万个，整体随车配建率超过 70%，随车配建比例有一定提升，集团自建桩比例约 14.86%。相对公共充电桩，私人充电桩增速较慢，但每月新建数量基本保持稳定。2019—2020 年我国私人充电桩月度新增情况如图 2-10 所示。

图 2-10 2019—2020 年我国私人充电桩月度新增情况

私人充电桩多通过购车附赠的形式进行建设，成本低、建设简便、充电费用低。但由于无法获得直接经济效益，物业配建积极性不高，部分车主没有固定停车位，导致私人充电桩配建困难。近年，国家电网公司牵头加速推动小区公共充电桩建设，在一定程度上缓解了无法大规模安装私人充电桩的问题。

2.2 分区域发展情况

2.2.1 东部省市充电网络较为完善

我国电动汽车充电基础设施建设布局呈现出较强的区域集聚效应。长三角、京津冀、珠三角城市群充电网络较为完善，东北、西北和西南部分地区充电桩建设进度明显落后，充电设施建设存在地域不平衡问题。截至 2020 年底，北京市、广东省、上海市的充电桩数量均超过 8 万个，江苏省、浙江省、山东省也达到 5 万个。截至 2020 年底，全国各省市公共充电桩数量统计见表 2-1。

表 2-1　全国各省市公共充电桩数量统计（截至 2020 年底）

序号	省级行政区域	合计	交流充电桩数量	直流充电桩数量	交直流充电桩数量	公共充电桩数量	专用充电桩数量
	总计	807398	497797	309120	481	516595	290803
1	北京市	87634	62644	24982	8	44881	42753
2	广东省	85874	61013	24668	193	69159	16715
3	上海市	85538	68762	16522	254	59040	26498
4	江苏省	77053	48275	28778	0	53441	23612
5	浙江省	61542	38064	23478	0	40611	20931
6	山东省	48890	24671	24219	0	25852	23038
7	安徽省	38959	27119	11840	0	26242	12717
8	湖北省	33408	19979	13429	0	18285	15123
9	河南省	32816	21986	10830	0	18474	14342
10	河北省	31804	15648	16156	0	22314	9490
11	天津市	27846	18986	8860	0	15248	12598
12	福建省	25926	9541	16385	0	18788	7138
13	陕西省	25569	12580	12989	0	16603	8966
14	四川省	23872	9717	14155	0	15641	8231
15	山西省	19455	7651	11804	0	13538	5917
16	湖南省	18554	11202	7352	0	9914	8640
17	重庆市	17533	10258	7275	0	11363	6170
18	江西省	11343	5816	5501	26	8137	3206
19	辽宁省	8258	3436	4822	0	3774	4484
20	广西壮族自治区	7580	4855	2725	0	4755	2825
21	云南省	6004	3663	2341	0	4894	1110
22	海南省	5813	3285	2528	0	4892	921
23	贵州省	4902	1742	3160	0	2615	2287
24	黑龙江省	4860	1238	3622	0	1054	3806
25	甘肃省	4377	986	3391	0	1963	2414

(续)

序号	省级行政区域	合计	交流充电桩数量	直流充电桩数量	交直流充电桩数量	公共充电桩数量	专用充电桩数量
26	吉林省	3768	1549	2219	0	1441	2327
27	内蒙古自治区	3490	1145	2345	0	1340	2150
28	新疆维吾尔自治区	1897	855	1042	0	871	1026
29	宁夏回族自治区	1510	621	889	0	1040	470
30	青海省	1115	463	652	0	317	798
31	西藏自治区	193	32	161	0	103	90
32	香港特别行政区	15	15	0	0	5	10
33	澳门特别行政区	0	0	0	0	0	0
34	台湾省	0	0	0	0	0	0

充电设施布局与新能源汽车的发展高度相关，北京市、广州市、上海市等城市新能源私人用车保有量较高，对充电基础设施需求大。同时，新能源公交车、出租车等专用车的电动化要求也保障了专用充电桩的利用率，提高了运营企业建桩与提供充电服务的积极性。东北、西部等地区经济相对落后，部分区域气候寒冷，因此新能源汽车保有量较少，充电桩总体规模也相对不足，但随着非限购区域购买新能源汽车热情的增高，公共充电需求也将不断上升。

在充电站和换电站方面，截至 2020 年底，全国范围内共建成充电站 6.4 万座、换电站 555 座（均不含国家电网）。其中，广东省、江苏省的充电站数量均超过 6000 座，领先全国。上海市、北京市、浙江省的充电站超过 5000 座。北京市换电站数量最多，超至 200 座。截至 2020 年底，全国各省市充电站和换电站建设数量见表 2-2。

从单个充电站所配备的充电桩数量来看，四川省、天津市、山西省、内蒙古自治区等省市单站充电桩数量均少于 10 个，且充电站布局较为分散，福建省、湖北省等省市单站充电桩数量相对较多。截至 2020 年底，全国 TOP20 省市充电站和换电站建设数量以及单个充电站充电桩数量如图 2-11 所示。

表 2-2　全国各省市充电站和换电站建设数量（截至 2020 年底）

序号	省市	充电站数量	换电站数量
1	广东省	6527	89
2	江苏省	6229	32
3	上海市	5927	19
4	北京市	5755	203
5	浙江省	5590	55
6	山东省	4840	10
7	河北省	3160	13
8	天津市	2587	4
9	四川省	2369	18
10	福建省	2159	24
11	湖北省	2013	6
12	安徽省	1989	6
13	湖南省	1911	17
14	河南省	1909	9
15	陕西省	1687	3
16	重庆市	1352	3
17	江西省	1223	1
18	山西省	1186	0
19	内蒙古自治区	991	3
20	广西壮族自治区	794	1
21	辽宁省	758	4
22	海南省	719	14
23	贵州省	509	6
24	云南省	461	9
25	黑龙江省	316	3
26	甘肃省	219	1
27	吉林省	207	1
28	新疆维吾尔自治区	177	1
29	青海省	157	0

(续)

序号	省市	充电站数量	换电站数量
30	宁夏回族自治区	104	0
31	西藏自治区	26	0
32	香港特别行政区	2	0
	总计	63853	555

图 2-11　全国 TOP20 省市充电站和换电站建设数量
及单个充电站充电桩数量（截至 2020 年底）

2.2.2　东部省市交流公共充电桩占比较高，中部省市以直流充电桩为主体

北京市、广东省、上海市等私人电动汽车数量较多的省市，公共充电桩主要以面向乘用车的交流充电桩为主，直流充电桩占比低于 30%。福建省、四川省、山西省、辽宁省等省市，以公交、物流等专用电动车辆为主，公共充电桩中直流专用充电桩占比普遍达到 60% 以上。截至 2020 年底，全国 TOP20 省市交流 / 直流充电桩数量及直流充电桩占比如图 2-12 所示。

2.2.3　布局集中度有所下降，全国充电网络同步实现增长

北京市、广东省、上海市、江苏省一直保持着全国充电桩建设规模前四的位置，充电基础设施网络布局完善。浙江省、山东省、安徽省、湖北省、湖

南省、河北省等中东部省份的充电设施建设也相对较好。截至 2020 年底，前四省市充电设施数量占全国总量的 42%，前十省市市场占比达 72.2%。截至 2020 年底，全国 TOP10 省市公共充电桩保有量市场占比如图 2-13 所示。

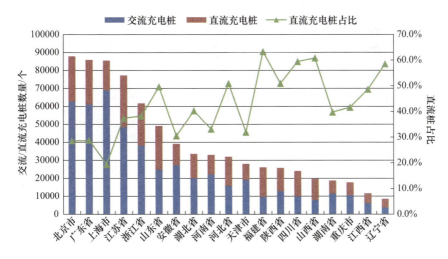

图 2-12　全国 TOP20 省市交流/直流充电桩数量及直流充电桩占比（截至 2020 年底）

图 2-13　全国 TOP10 省市公共充电桩保有量市场占比（截至 2020 年底）

2016 年至今，排名前四的省市充电桩数量全国占比逐步下降，表明全国充电设施普及率正同步提高。2016—2020 年全国 TOP4 省市充电桩市场占比变化情况如图 2-14 所示。

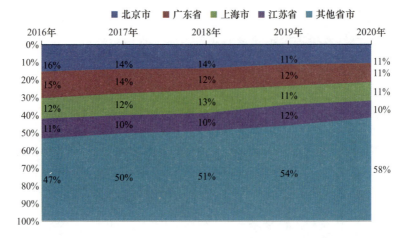

图 2-14　2016—2020 年全国 TOP4 省市充电桩市场占比变化情况

第 3 章
我国充电技术发展现状及趋势

对于电动汽车而言,电能供应是满足汽车运行的重要支撑和保障。随着电动汽车技术的不断发展和创新,电动汽车充电技术已成为世界电动汽车产业大国所关注的焦点。

3.1 传导式充电技术

对于电动汽车而言,通过车辆插座接入充电设施插头的传导式充电是目前最为常用的补能方式。常规的传导式充电主要分为交流充电和直流充电两种形式。

交流充电桩是受控的交流供电装置,将电网终端交流电通过充电桩引入车载充电机,车载充电机进行变压、整流后输出直流电,对动力电池充电。受到车载充电机体积和功率的限制,交流充电速度较慢,但结构简单、体积小、成本低,通常安装在居民小区、企事业单位、写字楼和商业停车场等地。

直流充电桩也称非车载充电机,自身具备可完成变压、整流的 AC/DC 充电模块,可将输入的电网交流电转化为动力电池所需的直流电。直流充电桩的核心零部件是充电模块,充电模块的功率和数量决定了它的输出功率。直流充电模块可以通过并联提高整体充电功率,因此充电速度较快。由于充电过程为逆向化学反应,长期快充会在一定程度上影响动力电池寿命。直流充电桩普遍成本较高、体积较大,多安装于专用充电站、商场停车场等地。传导式交流充电和直流充电技术示意如图 3-1 所示。

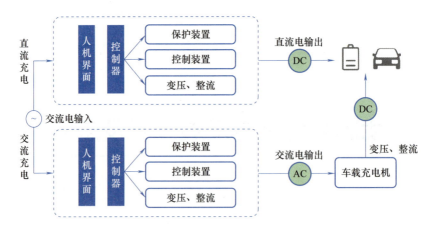

图 3-1 传导式交流充电和直流充电技术示意

传导式充电技术伴随着新能源汽车的出现而不断发展成熟，但行业发展初期没有统一的充电接口和通信协议标准，导致不同充电桩在物理结构、电气电路和通信协议等多个方面难以实现互联互通。近年来，在国家政策的指引和相关标准的规范下，充电基础设施的互联互通性稳步提升，新能源汽车与充电设施的传导充电标准已经趋于完善。

3.2 换电技术

电动汽车动力电池更换技术指通过更换电动汽车动力电池组的方式为电动汽车提供电能补给。换电技术主要通过换电站实现电动汽车的动力电池更换服务，能够在换电过程中对动力电池更换设备、动力电池组的运行状态进行监控，对动力电池组进行集中存储、集中充电、统一配送，实现动力电池维护管理、物流调配以及状态监测的一体化管控。

3.2.1 换电技术分类

换电站一般包括动力电池仓、换电仓（包括停车平台及换电机构）、电气控制室、休息室四大功能区域。根据动力电池位置的不同，换电技术分为底盘换电、分箱换电、侧方换电等形式。私人乘用车多采用底盘换电形式，侧方换电则应用在网约车、出租车、物流车上，部分分时租赁车辆采用了分箱换电模式。此外，重型货车、矿车现阶段还采用了顶部换电、中置换电等方式。部分换电技术分类及其特征见表 3-1。

表 3-1 部分换电技术分类及其特征

换电形式	底盘换电	分箱换电	侧方换电	中置换电
动力电池隐蔽性	好	差	较好	好
动力电池箱密封性	好	差	较好	较好
换电设备成本	高	低	较高	高
换电自动化	全自动	半自动	半自动	全自动
操作工艺标准化	易实现	不易实现	不易实现	易实现
插接件安全风险	低	高	较低	较低
换电时长	<3min	5min	3~5min	3~5min

换电技术和模式应用的开拓者是 2007 年创立的以色列 Better Place 公司，其主营业务为电动汽车换电，先后获得 8.5 亿美元融资。由于应用环境受限，该公司于 2013 年宣布破产。此外，特斯拉也曾探索过换电技术，但随后放弃，选择了超级充电技术路线。在国内，力帆、北汽、蔚来等车企也开展了换电技术的探索，以出租车和网约车为突破口，以私人乘用车为市场驱动核心，初步实现了商业化应用。以国电投为代表的企业在公交、重货、矿山、港口等领域推动了商用车换电技术的应用，中置换电、顶部换电等技术得到广泛应用。

3.2.2 换电技术的优势和劣势

换电技术的优势，主要是提高了补能的便利性，降低了购车成本，满足了高频率、大负荷类型车辆的快速补能需求。对于用户而言，补能过程更为快速、高效，且无须考虑动力电池衰减，在一定程度上可以提高车辆残值。换电用动力电池的集中充电和检测，有利于延长动力电池寿命，提高充电安全性。换电用动力电池可集中开展分布式储能应用，减小对电网的冲击，也便于未来参与电网调峰调频响应，发挥削峰填谷的作用，并使用户获得一定利润。此外，在同样的配电容量和充电机功率下，换电模式每日可服务车辆数量可达充电桩可服务车辆数量的3~4倍。

但换电技术也有一定劣势。首先，换电模式多由车企主导，现阶段普遍无法实现不同品牌车辆间的通用，大规模发展换电模式将导致换电站的重复建设。其次，换电模式对于场地要求较高，且不同区域利用率不稳定，独立建设运营换电站较难实现盈利。再次，在同样服务能力下，换电站建设成本可达充电站的3~4倍。最后，动力电池尺寸的固化，一定程度上也影响了车辆布局整体设计的更新迭代。换电技术的优势、劣势及问题如图3-2所示。

主要优势

□ 补能便利性提高
- 车电分离，降低购车成本
- 满足无桩购车补能需求
- 换电速度较快，可作为日常充电方式的补充
- 无需车主操作，可实现全自动换电
- 可实现车载动力电池容量升级，提升用车体验
- 满足高频次（出租）、大负荷（矿车）补能需求
- 无需考虑动力电池衰减，提高车辆残值

□ 动力电池寿命及安全性提升
- 动力电池集中监测、养护与管理，有利于延长使用寿命，提升安全性

□ 便于参与电网互动
- 分散式储能，便于参与V2G响应，电网冲击减小
- 便于削峰填谷，降低补能成本

劣势及问题

□ 换电资源割裂严重
- 各品牌、车型、动力电池的通用性较差，大规模发展导致重复建设

□ 无法单独实现盈利
- 高额的换电站建设，以及动力电池持有、运营、折旧等成本，导致现阶段换电业务难以独立实现盈利

□ 对于场地要求较高
- 相对充电桩而言，换电站需要单独用地，土地资源受到限制，且可能出现排队等待现象

□ 利用率不稳定
- 换电需专程进行，较家充便利性低，且高峰可能出现排队等待现象，低谷时会导致大量动力电池闲置

□ 动力电池尺寸的固化
- 固定化的动力电池尺寸，一定程度上影响同品牌未来车型的整体设计

图3-2　换电技术的优势、劣势及问题

3.2.3　换电技术发展趋势

换电技术在电动汽车上的应用前景，主要取决于车辆集成化和动力电池快速充电技术的发展。在车辆轻量化、集成化需求下，动力电池与车身的集成布置，将限制动力电池进行更换的可能性。若未来4~6C动力电池及大功率充电全面商用化，则可实现10~15min完成充电，换电竞争力将大幅下降。

另外，换电标准的出台时间和执行力度、换电车辆补贴持续时间、峰谷电价的执行等因素，将对换电模式的应用前景产生决定性影响。同时，运营商的模式选择、换电盈利预期，也对换电技术的未来应用趋势有一定影响。换电模

式发展前景的影响因素如图 3-3 所示。

政策层面

□ 换电标准的出台时间
➢ 换电模式的统一,需要换电标准的统一,能形成部分标准化的动力电池参数,不过进展速度和可行性都较低

□ 换电车辆补贴政策持续时间
➢ 换电车辆不受 "30万元" 补贴限制,政策持续时长将影响换电车辆市场推广速度

□ 居民区峰谷电价推广速度
➢ 主要省市还未实行居民区峰谷电价,未来批量化落实居民峰谷电价,自用充电桩夜间充电的成本将明显低于换电

□ 自用充电桩政策落实程度
➢ 随着新建住宅区充电桩安装条件的完善,自用充电桩占比快速升高将降低对换电的需求

技术层面

□ 电动汽车集成化发展
➢ 在车辆轻量化、集成化需求下,动力电池与车身的平衡布置,将限制动力电池更换的可能性

□ 充电及动力电池技术发展
➢ 若未来4~6C动力电池及大功率充电全面商用化,则可实现10~15min完成充电,换电竞争力将大幅下降

商业模式层面

□ 充电运营商的竞争
➢ 国家电网、中国南方电网、特来电等主力运营商,进一步加速充电网络完善,将压缩换电站建设空间

□ 规模化盈利预期
➢ 换电模式若能够实现通用化、规模化,具备盈利预期,则具有一定发展前景

图 3-3 换电模式发展前景的影响因素

在技术层面,换电模式将逐步模块化、无人化、共享化。模块化换电站将实现高度智能化通用,换电设备将根据车辆型号,自动匹配不同品牌的目标动力电池,并将指令下达至换电机器人,实现全自动换电控制。无人化是指换电机器人在激光定位、视觉检测等技术辅助下,通过高精度、大负载运动控制技术,实现对动力电池的快速更换,实现整个过程无人化操作。

共享化也是换电模式发展的重要方向,需要车企之间加强技术和标准的合作,统一机电物理接口,提升不同品牌动力电池充电的兼容性,或采用共享动力电池模式,保证换电站建设成本降低、提高充电效率、延长使用寿命,换电工位也需要根据车型自动进行轴距、轮距调节定位。但共享换电也面临一定难题,例如换电用动力电池的接口现阶段难以统一,利益分配模式难以协调,这将在一定程度上阻碍共享换电模式的发展。

预计到 2025 年,私人领域和公共交通领域将进一步扩大换电模式应用,自动充换电技术也将逐步得到应用,跨品牌的共享换电站开始出现。2025—2030 年,换电技术将进一步拓宽应用范围,自动换电、移动式换电、换电站储能、动力电池梯次利用、换电站与电网协调技术将广泛应用,跨品牌的共享换电站市场占比将进一步提高。

3.3 大功率充电技术

3.3.1 大功率充电定义

大功率充电作为未来充电技术发展的重点方向，受到政府、行业、企业、研究机构的高度关注。根据《节能与新能源汽车技术路线图 2.0》的研究结果，2035 年大功率快充要实现充电 5min 行驶 300km 以上的目标。因此，发展大功率高速充电技术，是缩短充电时间、提升充电体验，满足新时期电动汽车大规模快速充电需求的重要技术路径。当前，直流充电系统存在尺寸过大、机械强度不够、兼容性差等不足，为满足未来直流快速充电的需求，需要研发和应用全新大功率直流充电技术。

大功率直流充电目前的定义是充电功率为 350kW 或以上，以单枪方式在 10~15min 内给动力电池充电 80%~90%。其关键技术包括大功率充电连接组件、冷却技术、温度监测技术、充电通信控制技术、大功率充电机、动力电池冷却与监测、电动汽车电压等级和电网协调等。乘用车大功率充电技术，充电电压预期将达到 1000V（远期达到 1500V），在不带冷却工况的情况下，充电电流达到 120A，充电功率大于 120kW。在带冷却工况的情况下，充电电流达到 400~500A（远期达到 600A），充电功率达到 350kW。商用车大功率充电技术，在终端充电情况下，与乘用车模式相同，根据不同的停车时间选择不同冷却模式进行充电，或在途中采用充电弓模式进行补电。

此外，大功率充电技术与现有的 GB/T 20234—2015《电动汽车传导充电用连接装置》是并行的技术路线，该标准中的交、直流充电技术能够满足电动汽车日常使用的充电需求，大功率充电将成为远距离出行充电的一种补充和完善。

3.3.2 大功率充电关键技术

要实现大功率充电，在整车、动力电池、充电设备和电网方面都有一些关键技术需要突破。从技术角度来看，充电设备并不是限制大功率充电的瓶颈，整车电压平台的提升和动力电池快充性能的提升决定了未来大功率充电的普及规模。不同领域大功率充电技术关键点见表 3-2。

表 3-2 不同领域大功率充电技术关键点

方向	技术关键点
整车	整车耐高压、绝缘防护设计； 整车耐高温、热管理解决方案； 整车"三电"设备高压控制策略
动力电池	高比能动力电池技术； 动力电池 4~6C 速率快充技术； 动力电池热管理系统技术
充电设备	元器件耐压、绝缘防护设计； 充电桩发热保护、充电电缆冷却降温技术； 柔性、智能分配充电功率技术，实现与旧版车型充电的兼容； 预防过充的电流控制技术； 充电模块功率提升以及多模块并联可靠性； 充电风冷散热噪声控制问题
电网	大规模充电对于电网的波动影响控制； 大功率充电 V2G 技术； 供电紧张时期防过负荷
标准	充电接口标准及通信协议、充电通用要求、充电设备标准以及充电电缆标准都将做相应的调整，需要考虑兼容旧版车型接口

在基础元器件层面，大功率充电所带来的各类半导体元器件的冷却、散热、绝缘、耐高压等问题是最为关键的技术难点。充电设备的充电模块、充电枪、电缆三部分的散热问题需要解决，并且冷却系统需要尽量轻量化和小型化，以便于操作。车辆、动力电池的散热、防过充电起火等热管理问题也极为关键。大规模大功率充电可能引起电网波动，电网电压不稳定，进而影响设备可靠性，因此与电网的协调也至关重要。

1. 充电设备散热及关键零部件国产化

大功率充电桩面临的诸多技术难题中，散热和密封技术是保证可靠性与安全性的关键。目前，液冷技术是解决散热问题的最佳方案，应用关键是要解决系统设计散热管道排布、冷却液选择以及密封性等问题。其中，密封技术受到格外重视，因为管路发生泄漏易导致冷却系统失效。与大功率充电模块相配套的绝缘栅双极型晶体管（IGBT）国产化率依然很低，仅部分头部企业实现了自主研发，多数设备制造企业仍依赖进口。

2. 与动力电池技术协同发展

大功率充电设备与动力电池的适配性是关键技术难题，现阶段动力电池普遍难以接受高速快充，需对动力电池系统进行重新设计。大电流对电芯的散热、安全、使用寿命有极高的技术要求，现有动力电池、电芯、模组的大电流耐受能力往往不足。因此，适当提高电动汽车整车平台电压是可行方法之一。

3. 负极材料制约动力电池快充性能提升

大功率快充会导致负极浓差极化和电化学极化现象加剧，在负极材料表面容易形成锂镀层和锂结晶，阻塞电极上的孔，影响动力电池安全及寿命。以三元锂动力电池为例，在6C倍率下进行充电，三元锂动力电池的内阻将急剧增加，寿命衰减不可避免。目前，三元锂动力电池循环寿命普遍可达2000次以上，随着动力电池全生命周期循环寿命不断提升，衰减现象可逐步减缓。此外，为适应大功率快充需求，负极材料技术也在不断进步，能够适应大功率快充的技术方向主要有人造石墨二次造粒、硅碳负极、石墨烯动力电池等。其中，石墨烯动力电池将成为下一代快充动力电池的重要技术方向。

3.3.3 大功率充电技术方案

整车层面。由于提升电流存在性价比瓶颈，升高整车平台电压是实现大功率充电的重要技术路径。国内部分企业能够生产800V电压等级的高压零部件，但限于制造工艺和规模不足，目前成本较高。在安全方面，车辆及车内线束应具备耐高压车载电缆，采用电磁屏蔽手段，使用高压回路加强和双充绝缘，采用高压互锁技术，优化动力电池热管理系统。

动力电池方面。目前，国内企业主要研究正负极材料、电解液、隔膜和极片设计，改善锂离子的接收和传输能力，实现动力电池高倍率充放电能力。同时，动力电池管理系统（BMS）要准确识别动力电池在不同温度和荷电状态（SOC）下的"健康充电区间"，实现在低温环境下快速达到最佳充电温度，提高功能安全等级，确保动力电池寿命，最终实现动力电池高能量密度与快充性能的平衡。此外，动力电池智能预热系统可以在车辆到达充电场站前对动力电池进行加热，降低动力电池内阻，使动力电池快速达到高效充电温度，缩短充电时间。目前，多数车型配备了动力电池预加热系统，加热启动温度为−5℃，当电芯温度达到15℃时停止加热。

充电设备方面。需要提升充电接口的载流能力、最高输出电压,同时具备完善的散热冷却设计,充电枪头和电缆多采用液冷方式,以降低电缆整体重量,增强保护的及时性。控制引导电路也要充分考虑向前兼容的问题,增加硬节点控制、硬件版本识别、精确故障定位等功能。

充电连接器组件方面。充电接口需重新设计,以适应现行国家标准和国际标准。应具备向前兼容能力,以改善现有方案的一些固有问题,例如解决公差配合精度不足、防护等级不足、电子锁可靠性差、PE断针等问题。考虑交直流充电接口的组合方案,提升了机械安全、电气安全、电击防护、防火及热安全设计和性能。充电协议可支持V2X、信息加密、安全认证、通信技术升级、小功率直流充电等需求。此外,新的组件支持技术升级,考虑了人机工程、日常维护及未来机械辅助等方面新技术的应用。但对于执行GB/T 20234—2015《电动汽车传导充电用连接装置》的车辆,需要采用转换接头实现向前兼容和平稳过渡,这将在一定程度上提高车辆生产制造成本。大功率充电接口及转换器设计如图3-4所示。

图3-4 大功率充电接口及转换器设计

特来电、国家电网、万马集团、星星充电、普天新能源、鼎充新能源等主流设备制造企业都在积极开发大功率、智能化充电设备。国内主流充电设备生产厂商均已开发出功率达到350~900kW的各类型大功率充电桩,主要设备情况见表3-3。

表3-3 国内部分大功率充电设备产品情况

企业名称	产品
特来电	功率达450kW,应用于公交领域功率达900kW
国家电网	单枪最高功率360kW
万马集团	功率达360kW

（续）

企业名称	产品
星星充电	带液冷装置的设备功率达 500kW
普天新能源	功率 400kW 以上的带液冷设备
鼎充新能源	480kW 大功率柔性充电桩

3.3.4 大功率充电示范项目

国内的大功率充电示范项目由国家电网、万帮新能源、奥特迅牵头，许继集团、国电南瑞等桩企和北汽、奥迪等车企参与，共计 7 家充电设施制造商和运营商、12 家国内外电动汽车和动力电池企业、6 家连接器制造商，目前在长春市、北京市、南京市、常州市、济南市、深圳市等地开展了 6 项示范工程项目。

大功率充电示范工作组先后开展了大功率充电连接器样品的原型验证，评估了连接器组件、转换器、通信协议、电缆、电流速度、散热、检测规范方面的标准。工作组通过提升充电接口、通信协议、充电电压以及充电功率的兼容性，提高了大功率充电与 GB/T 20234—2015《电动汽车传导充电用连接装置》的协调兼容性。2020 年 6 月，工作组发布了《电动汽车 ChaoJi 传导充电技术白皮书》，并于 2021 年完成大功率充电示范项目。

我国大功率充电示范项目中，不同阶段的充电功率目标见表3-4。

表 3-4 大功率充电示范项目不同阶段功率目标

车辆类型	阶段	充电电压	充电电流	充电功率
乘用车	一阶段	—	—	60kW
	二阶段	500V	400A	200kW
商用车	一阶段	—	—	90kW
	二阶段	700V	450A	300kW

1. 国家电网公司

2020 年 11 月，国家电网公司与中国电力企业联合会联合提出将建设 ChaoJi 示范区，结合整车企业和充电运营商发展规划，重点在京沪高速公路沿线以及北京市、上海市、常州市、深圳市、西安市等地建设示范区。项目计划

2021年开始建设，2022年实现示范目标。

目前，国家电网公司已经在北京市、济南市等城市建成4座MOSFET ChaoJi充电示范站，完成与宝马、北汽等国内外主流车企的ChaoJi系统联调联试。同时，在北京市、湖南省等地建成了5座500kW IGBT超级大功率示范站，涵盖乘用车的大功率插充和商用车的大功率充电弓模式，以及群充控、公共直流母线、充光储一体化自动电和即插充等不同类型的充电技术应用。国家电网公司大功率充电示范项目如图3-5所示。

2. 万帮新能源投资集团有限公司

图3-5 国家电网公司大功率充电示范项目

万帮研发的大功率设备可实现1000V/500A的快速充电。万帮规划在全国建设多个大功率快充示范站点，其中，常州总部充电站为新建大功率液冷充电系统，北京东亚怡园充电站、长春金川街充电站在现有基础上进行改造，南京古平岗充电站在已投运公交充电站基础上改造。万帮开发的大功率充电桩如图3-6所示。

3. 深圳奥特迅电力设备股份有限公司

奥特迅在深圳投放了车网互动充电站，装机功率1080kW、直流输出电压范围200~950V、光伏发电系统100kW、电池储能系统100kW/168kW·h。在柔性充电堆基础上，新增

图3-6 万帮大功率充电桩

了大功率充电终端，实现了光伏发电、储能、大功率充电终端的有机融合。奥特迅大功率充电桩如图3-7所示。

3.3.5 大功率充电发展趋势

各运营商及整车企业在大功率充电设备的市场前景、产品投放和建设预期上存在一定差异，绝大多数设备制造商与运营商已经开展了大功率充电的设备

开发和示范。业界普遍认为，2017—2020 年为大功率充电设备的研发测试阶段，2020—2022 年为小规模投入及示范应用阶段，2023—2025 年为商业化使用阶段。目前，欧美多国已经率先进入了 350kW 大功率充电的商业化推广阶段。我国将在 2025 年前后规模化推广大功率直流快充技术。随着电动汽车产业的发展，技术进步和市场需求将决定大功率充电技术的发展前景，各运营商将根据市场需求和盈利状况进行建设布局。影响大功率充电技术发展趋势的主要因素如下：

1. 产品技术发展速度

大功率快充技术的发展，需要与整车和动力电池技术协同。整车层面，大部分车企计划

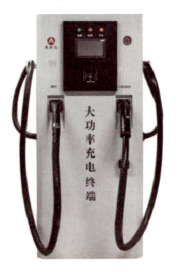

图 3-7　奥特迅大功率充电桩

逐步提升整车平台的电流和电压，2025 年商业化应用 800V 平台车型。动力电池方面，目前充电速率达到 3C、循环寿命超过 2000 次的动力电池基本实现应用。

在充电设备层面，充电堆技术实现了充电模块集成化与充电功率的动态分配，单枪输出功率可超过 350kW。目前，150~240kW 的大功率充电桩主要用于公交车快充，未来乘用车快充桩市场份额将占到大功率充电桩整体市场的 70% 左右。预计到 2025 年前后，350kW 充电桩将批量应用于乘用车，600~900kW 充电弓将向商用车提供充电服务。

2. 市场需求与投资回报的平衡

从各地公共充电设施建设运营实践看，电动汽车车主，尤其是网约车、出租车车主，在使用公共充电设施时更加青睐快充。大功率直流充电的应用可以大幅缩短车辆充电时长，解决充电焦虑。随着社区公共充电桩建设、私人充电桩共享等措施的推进，社区充电难问题将逐步得到缓解，公共领域的慢充需求将相应下降，高效快速充电将成为公共充电领域的主要需求。

对于运营企业而言，区域位置较好的充电站利用率往往较高，但单车单次充电时间过长将导致总收益的下降。大功率直流充电可以提高单桩单位时间内的充电量，缩短用户充电时间，提升单位时间内充电车辆数量，提升运营企业

的盈利能力。

3. 大功率直流充电桩模块成本的下降

彭博社统计数据显示，2019 年，全球 50~350kW 直流充电设备单桩均价为 2 万 ~10 万美元，其中 350kW 大功率充电桩的单桩均价达到了 10.7 万美元。同时，大功率充电桩需要较大的场地安装配电设备，电力增容、建设、运营、维护成本较高，因此在大功率充电车辆尚未普及的情况下，大功率充电桩的推广性价比不高。但由于充电模块具有集成化优势，大功率充电桩单位功率价格可有效下降，从而推动大功率快充桩实现商业化应用。2019 年全球直流充电设备单桩均价及模块单位功率均价如图 3-8 所示。

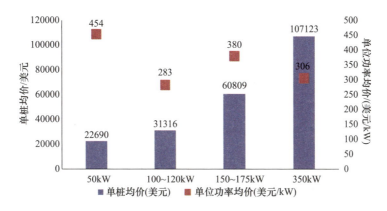

图 3-8　2019 年全球直流充电设备单桩均价及模块单位功率均价

3.4　V2G 技术

3.4.1　V2G 技术定义

V2G 即 Vehicle-to-Grid（车辆到电网），又称双向逆变式充电技术。随着电动汽车数量不断增加，电网承受的压力也将越来越大。V2G 技术的应用，可实现电动汽车的分布式移动储能单元功能，在用电低谷时充电，在用电高峰时向电网放电。V2G 技术可减轻电动汽车对电网的影响，实现调整用电负荷、改善电能质量、消纳可再生能源等作用，并为电力系统调控提供新的调度资源，避免电网和电源资源的过度投资。V2G 技术的应用，也可让电动汽车用户获得一定的电网能源互动收益，提升电动汽车整体竞争力。V2G 技术示意如图 3-9 所示。

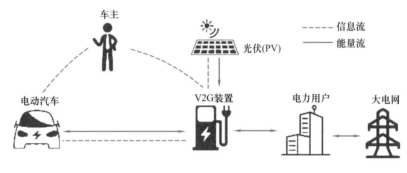

图 3-9　V2G 技术示意

3.4.2　V2G 技术要点

V2G 属于系统性工程，需要将车主、V2G 装置、电力零售商、电网等各个环节的技术和渠道打通，才能实现推广应用。首先，要保证电动汽车可实现对外放电，这对车辆双向充放电能力和动力电池循环寿命提出了更高要求；其次，充电桩要实现双向充放电功能，这需要相应的技术安全标准；最后，在电网环节，电动汽车作为分布式电源向电网输电，需要更为严格的技术规范、保护装置以及资源调配能力。

目前，V2G 技术在多个环节还存在一定的障碍，例如支持 V2G 功能的双向充放电桩升级改造需要大量资金，目前还不具备盈利条件；电网智能化调度系统和计量设备的改造成本较高；缺乏完整配套的车 - 桩 - 网通信协议，难以实现车网协同应用；相较其他电力储能方式，电动汽车分布式储能聚合解决方案更为复杂。

现阶段 V2G 技术的应用方式主要以智能有序充电为主，部分地区开展了局域电网的双向充放电示范。在有序充电应用中，电动汽车以有序充电方式参与用户侧的削峰填谷、基于人工需求响应的调峰辅助服务，主要强调用户侧对电网调峰需求的响应，以缓解供电资源紧张，降低负荷峰谷差，降低用户充电成本，一定程度上促进新能源消纳。

对于电动汽车用户个体而言，无法直接与电网达成协议。要聚合分散的电动汽车储能调峰潜力，就需要由负荷聚合商对大规模的电动汽车进行聚合，以充分发挥电动汽车的分布式储能作用。整车企业、充电运营商、电网企业都具有作为负荷聚合商的潜力，电网企业具有电力平台优势，更具备负荷聚合商条件，可通过"虚拟电厂"等方式实现跨区域整合充电资源。

3.4.3 V2G 技术示范应用现状

目前，国内部分企业已完成小功率直流 V2G 充电设备的开发和示范应用，但受制于可双向充放电的电动汽车数量少，设备投资成本较高，同时具备峰谷电价差的区域较少，无法体现 V2G 的经济性优势，因此目前 V2G 技术仍然处于示范测试阶段。

现阶段，国内的 V2G 示范项目主要由国家电网推动。截至 2021 年 4 月，国家电网电动汽车服务有限公司已在浙江省、上海市、江苏省、河北省等 15 个省市建设了 42 个 V2G 项目，布局了 612 个 V2G 终端，共有近 4000 辆电动汽车参与了车网互动。

以保定长城汽车工业园 V2G 示范工程为例：在全球环境基金"中国新能源汽车与可再生能源综合应用商业化推广示范项目"推动下，2021 年 4 月，国家电网与长城汽车在保定长城汽车工业园安装了 50 台 15kW 直流 V2G 充电桩，建成了全国规模最大的 V2G 示范工程。系统通过远程平台通信和本地模型控制充放电时间及功率，并与华北电网实现自动发电控制（AGC）跟随，响应时间约 1min，调峰精度可控制在 ±0.1kW 以内。系统可以实现充放电功率削减或上调，实际 V2G 可调功率达到 450kW。保定长城汽车工业园 V2G 示范工程如图 3-10 所示。

图 3-10 保定长城汽车工业园 V2G 示范工程

3.4.4 V2G 技术发展路径

未来，电动汽车的充电方式将由无序充电逐步过渡到有序充电，最终实现 V2G 双向充放电。

1. 有序充电

有序充电即利用充电系统的智能控制或峰谷电价的经济杠杆，调节电动汽车的充电时序和功率。智能化有序充电系统，需具备接收电网和电动汽车双向信息的能力，一方面接收电网的充电负荷裕度及分时电价信息，另一方面接收电动汽车充电机提交的充电需求和动力电池信息，并根据这两部分的信息智能决策电动汽车的充电过程。在满足客户充电需求的条件下，以有限电容完成电动汽车的集中充电，实现系统负荷波动最小化或充电成本最小化。

有序充电调整电网负荷的方式有三种：一是依据峰谷电价进行调节，鼓励电动汽车用户自发调整充电时间；二是基于智能管理系统，结合配电网变压器的负荷状态以及用户出行需求，对系统内电动汽车的充电时间、充电功率进行调配；三是两者结合，通过峰谷电价方式，鼓励电动汽车用户主动参与系统化智能有序充电。

目前，智能有序充电主要面向办公场所和住宅小区。2020—2021 年，国家电网计划建成居民区有序充电桩 8.3 万个，推动社区智能有序充电桩应用，引导用户分批、按时、按需进行车辆充电，实现同样电力容量下服务更多电动汽车，减少建桩数量，降低配电网增容投资规模的目标。

2. 局域电网充放电阶段

此阶段，局域电网下将建立充放电环境，电动汽车将作为备用电源，提高局域电网的供电可靠性，实现发电侧、电网侧、用户侧的储能，减少对于广域电网的备用容量并延缓广域电网增容。对于运营企业而言，通过局域电网的充放电运营，可降低购电成本，增加售电收入，同时可降低电动汽车的动力电池容量，增加用户售电收入。

3. 智能双向充放电阶段

未来随着动力电池成本的下降，峰谷电价应用范围的扩大，V2G 技术的经济性将逐渐显现，电动汽车用户参与电网互动的积极性将提升，V2G 技术将实现在广域电网的应用，商业化也将得以实现。广域电网内，V2G 技术将在电力现货市场、辅助服务、电力调频等领域发挥作用，发挥缓解电网堵塞、改善电网质量、应急启动等作用。

3.4.5 V2G 技术未来应用趋势

根据电动汽车百人会等机构预测，到 2030 年，我国电动汽车保有量将达到 8000 万辆，等效储能容量将达到 48 亿 kW·h，全年电动汽车充电量需求将达到 0.75 万亿 kW·h，占全社会充电量的 6%~7%。随着电力市场改革、峰谷电价应用范围扩大，以及动力电池成本的下降、循环寿命的提升，电动汽车正式纳入调频辅助市场，将更多发挥主动调控作用，参与电网调度层面的调控，参与调峰、调频、备用、局部阻塞消除等辅助服务，实现多层级促进新能源消纳，响应能力、速度和精度将进一步提高，创造出新的收益点。

但 V2G 的发展也存在一定障碍，例如目前尚未统一协议和标准规范，整车企业与充电运营企业暂未形成协同发展；双向充电设备兼容性不足，具备 V2G 功能的车辆成本较高；商业模式尚未成熟，补贴优惠政策不完善，对用户吸引力不足，电价峰谷差盈利空间较小，电价信号传导不畅，盈利模式单一；辅助服务市场尚在建设中，充电负荷地理分布分散，充电点电量有限，充电随机性高；电动汽车负荷聚合、调度尚处于发展阶段，车主对接入调度市场有一定抗拒，导致负荷实际响应量较低，无法形成规模效应。

2025 年左右，V2G 将有望初步实现商业化落地。电动汽车可逐渐实现分布式能源功能，开展主动有序充电式互动，提高再生能源发电来源占比，实现电动汽车与区域综合能源微网的互动应用，发挥电动汽车储能作用，平抑区域能源系统波动。

2025—2030 年，V2G 技术将实现完全商业化应用。智慧能源充电网将实现与广域电网协同，并大量消纳清洁电力，电动汽车将进一步发挥分布式储能地位，为广域电网的调峰、调频、爬坡等提供有效调节手段。V2G 双向智能充电桩将实现规模化应用，居住区和工作园区覆盖率将达到 30% 左右。

3.5 无线充电技术

3.5.1 无线充电技术定义

无线充电是指通过埋藏在停车位地面下的无线能量发送模块,向装置于电动汽车底盘下的无线能量接收模块进行电能传输,对动力电池进行充电。无线充电主要分为静止式无线充电和移动式无线充电两类。静止式无线充电技术主要包括电磁感应和磁共振方式,技术难度较低、传输效率较高,更适合于电动汽车充电;动态无线充电主要是无线电波方式。现阶段,静态无线充电技术研究已渡过理论研究阶段,正面临商业化应用的技术路线问题;动态无线充电还处于发展过程中,目前以示范应用为主。电动汽车无线充电的三种方式见表3-5。

表3-5 电动汽车无线充电的三种方式

	电磁感应方式	磁共振方式	无线电波方式
原理	充电线圈中通过交流电产生交变磁场,使接收线圈产生感应电动势并对外输出电流	充电部分和接收部分磁场产生共振,可降低阻抗,增大传输距离	采用高频微波(20亿Hz以上)传送与接收电能
传输距离	数毫米至10cm	数厘米至数米	数厘米至数米
传输功率	数瓦至数千瓦	数瓦至数千瓦	1kW以下
最高效率	>90%	>95%	<50%
特点	结构简单、效率高(效率与距离的平方成反比),但线圈需要精确对准	无须精确对准,可同时对多个设备充电,传输距离较远,磁辐射较高	传输距离较远、功率低、效率低、能耗高
适用场合	静态无线充电	静态无线充电	静态无线/动态无线充电

3.5.2 无线充电技术的优势和劣势

与传导式充电技术相比,无线充电技术具有多方面的优势:充电简单,操作简便,可自动完成充电操作,无须人员值守;占地面停车空间小,无须充电电缆,未来可实现一对多充电;安全性相对较高,无线充电线圈埋在地下,隔绝外界环境,适应恶劣天气,可避免人为破坏,能保证人员和设备安全。无线充电的便捷、安全、占用空间小等优势，将成为未来智能化充电技术的重要一环。

不过，无线充电技术也有局限之处：各车企研发的无线充电技术路径不同，无法完全实现充电兼容；无线充电设备成本及场地建设成本相对传导式充电更高；无线充电的传输距离较近，传输功率和效率普遍低于传导式充电；充电线圈可能会受掉落金属物体的影响而改变磁场，存在发热和火灾的风险；用户对无线充电的电磁辐射泄漏存在一定担忧。

3.5.3 无线充电示范项目

1. 无线充电产品研发

目前，宝马、奔驰、奥迪等车企均基于传统乘用车型开发了无线充电车型。国内的无线充电技术主要应用在客车领域，电磁感应式技术成为应用最多的技术方案。目前市面上的部分无线充电试验车型见表3-6。

表3-6　目前市面上的部分无线充电试验车型

厂家	车型	技术方向
宝马	530e	电磁感应式
奔驰	S550e	
奥迪	A8 e-tron	
沃尔沃	C30	
中兴	宇通等	
比亚迪	K7	
高通	雷诺 Kangoo 等	磁共振式
丰田	普锐斯	

以2018年上市的奥迪A8 e-tron为例，采用了功率为3.6kW的可升降式电磁感应无线充电系统，通过升降系统，缩短供电线圈与车辆接收线圈的距离后进行能量传输，充电效率可达90%。奥迪可升降式无线充电模块及无线充电系统如图3-11所示。

丰田普锐斯采用了磁场共振技术，满足80%的面积重合，即可为车辆充电。该系统对于位置要求相对低，且支持一对多充电，最大功率可达20kW。此外，丰田无线充电系统还结合了自动泊车功能，可在未完全对准发射线圈时自动调整车辆位置。丰田磁共振式无线充电系统如图3-12所示。

图 3-11 奥迪可升降式无线充电模块及无线充电系统

图 3-12 丰田磁共振式无线充电系统

2. 中兴电磁感应式无线充电示范项目

中兴通讯在深圳市、大理市、郑州市等 20 个城市进行了无线充电公交车运营试点，且未来计划进一步扩大规模。系统通过电磁感应方式进行电力传输，最大传输功率可达 60kW，可自动接入通信网络，通过云系统对充电过程进行监控，出现隐患后立即停止充电并警告，确保充电过程安全可靠。中兴无线充电系统原理及无线充电示范客车如图 3-13 所示。

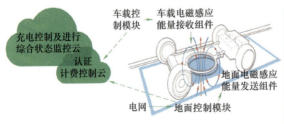

图 3-13 中兴无线充电系统原理及无线充电示范客车

3. 动态无线充电示范项目

2015 年 12 月，广西电网公司电力科学研究院建成了一条电动汽车移动式无线充电路段。线路直线长度超过 50m，配有 30kW 的充电系统。2018 年

8月，中国电力科学院在张北基地建成100m级移动式无线充电试验路段，配备20kW充电系统，2020年6月完成二期改造，长度增加40m，功率提升至40kW。2018年10月，江苏同里建成集光伏发电、无线充电和自动驾驶为一体的试验路段。广西及张北无线充电示范路段如图3-14所示。

图 3-14　广西及张北无线充电示范路段

3.5.4　无线充电未来应用趋势

未来，无线充电的商业化应用需进行规模化生产以降低成本，提升功率密度，降低模块数量，同时提升系统的能量传输效率。鉴于成本因素，预计磁感应和电磁共振式无线充电技术将于2025年在高端纯电动乘用车上应用，并逐步向中低端车型覆盖，电动公交车、共享电动汽车、网约车、专用车辆也将实现小规模试运营。动态无线充电技术预计短时间内无法实现商业化应用。

无线充电设备的布置地点将以个人充电车位或长时间停放的半公共区域车位为主，部分公交线路站点也会试点应用。同时，部分运营商计划开展无线充电设备在市区内的应用，以及高速公路等地的小规模示范。未来无线充电应用场景见表3-7。

表 3-7　未来无线充电应用场景

	私人居住区	半公共区域	公共区域	专用场站
私人乘用车	√	√	√	
分时租赁		√	√	√
出租车			√	
公交车			√（公交线路站点）	√
物流车				√

3.6 我国充电技术整体发展趋势

随着我国充电设施的快速发展，充电技术和产品也快速更新换代，新技术不断涌现，对我国新能源汽车产业的发展起到巨大的支撑作用。未来充电技术的发展，将以应对大规模电动汽车充电为主要目标，以智能化、高安全、高效化、便捷化、共享化为核心，提升用户充电体验和实用性，解决目前的充电短板，形成多种充电技术并举、合理优化布局、车网融合发展的充电解决方案。

1. 充电技术与应用场景的多样化

充电技术的发展应用将与充电场景紧密相关。随着私家车、公交车、通勤班车、出租车、网约车、货运车辆、特种车辆的全面电动化，大功率充电、无线充电、V2G 等不同充电技术将在不同的场景中得到应用。

2. 充电智能化将大幅提升充电安全与效率

以信息化平台、云端控制、大数据技术为代表的智能化充电，将大幅提升充电运营效率及服务质量。充电安全在线诊断和智能预警技术，将形成车桩协同的充电安全防护屏障技术。

3. 全自动充放电技术将大幅提升充电便捷性

在自动充电连接、高精度定位和感知、姿态调整等技术的支持下，大功率充电弓、自动充电棒、全自动共享换电技术将应用在未来的充放电场景中，提升充电便捷性。

4. 充电技术将与其他基础设施实现共同发展

充电技术将与交通、能源、信息技术共同形成智慧基础设施，实现能源的高效互动、深度融合，充电基础设施将与车、道路、电网实现协同发展，电动汽车与充电设施将实现绿色能源的高效融合。

第 4 章
我国充电基础设施标准现状

4.1 标准制定主体

在我国，电动汽车国家标准由全国汽车标准化技术委员会电动汽车分委会（SAC/TC114/SC27，简称汽标委）负责制定，充电基础设施国家标准由中国电力企业联合会（简称中电联）负责制定，充电接口及通信协议方面的标准由两个组织协同制定。

能源行业充电设施标准制定工作由能源行业电动汽车充电设施标准化技术委员会承担。能源行业电动汽车充电设施标准化技术委员会由国家能源局于 2010 年 7 月批准成立，秘书处设置在中电联，下设六个工作组：充电设施检测认证标准工作组、无线充电标准工作组、大功率充电技术与标准预研工作组、充电信息安全标准工作组、换电标准工作组、特种车辆充电标准化工作组。

此外，国家电网及中国南方电网制定的企业标准也被行业普遍接受。

4.2 标准发展历程

我国在电动汽车发展的初期，充电基础设施标准化体系并不完善。GB/T 20234—2011《电动汽车传导充电用连接装置》出台后，在国家层面初步实现了充电接口的统一，主要是针对接口、插头等方面进行规范，对电压、功率等指标规定较为模糊，无法完全实现车桩互联互通。GB/T 20234—2015《电动汽车传导充电用连接装置》出台后，不同型号的车桩兼容性提升，2016年出台的T/CEC 102.1—2016《电动汽车充换电服务信息交换》，为进一步提高充电互联互通性打下基础。2018年出台了GB/T 51313—2018《电动汽车分散充电设施工程技术标准》等配套性标准。2019年，出台了GB/T 37293—2019《城市公共设施 电动汽车充换电设施运营管理服务规范》。2020年4月，工业和信息化部发布的《2020年新能源汽车标准化工作要点》提出，要加强标准的顶层设计和制定标准工作路径。未来，充电基础设施标准将在电磁兼容、无线充电互操作性、充电安全等方面进一步得到加强。

4.3 标准制定程序

我国国家标准的制定流程，由GB/T 16733—1997《国家标准制定程序的阶段划分及代码》规定，以世界贸易组织（WTO）关于标准制定阶段划分的标准为基础，参考国际标准组织（ISO）和国际电工委员会（IEC）的《ISO/IEC导则 第一部分：技术工作程序》提出的制定依据，明确了标准制定程序的阶段划分。

根据GB/T 16733—1997《国家标准制定程序的阶段划分及代码》，我国国家标准的制定流程主要包括预阶段、立项阶段、起草阶段、征求意见阶段、审查阶段、批准阶段、出版阶段、复审阶段、废止阶段等阶段。电动汽车国家标准制定各阶段的参与主体，主要包括国家质检总局、工业和信息化部装备司、中国国家标准化管理委员会、中国汽车技术研究中心汽车标准化研究所、中国电力企业联合会等。我国国家标准制定流程以及电动汽车标准制定主要参与主体示意如图4-1所示。

此外，已有的成熟标准草案可适用快速制定流程，例如直接采用国际或其他国家标准的制修订标准项目、对现有国家标准的修订、其他各级别标准的转化，可直接由立项阶段进入征求意见阶段，将标准草案征求意见稿下发。对现有国家标准的修订或其他各级标准的转化可直接由立项阶段进入审查阶段，省略起草和征求意见阶段，直接将该现有标准作为送审稿组织开展审查。

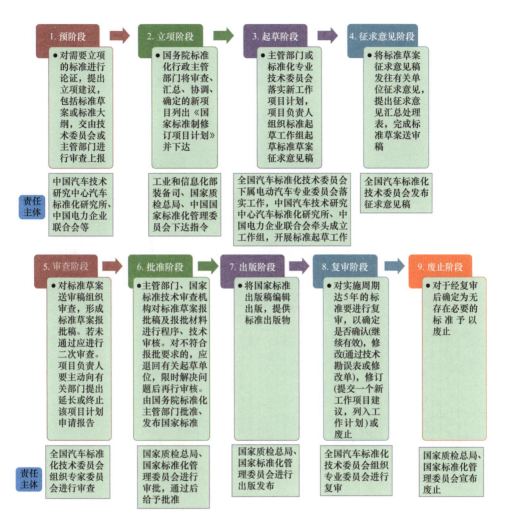

图 4-1 我国国家标准制定流程以及电动汽车标准制定主要参与主体示意

4.4 标准体系分类

充电设施标准体系涵盖充电设备制造、检验检测、接口与通信、规划建设、运营管理等方面，主要为解决电动汽车发展过程中的充电安全、互联互通、规划布局、运营管理、计量计费等问题。

目前，从标准层级来看，充电设施标准体系包括国家标准（GB）、汽车行业标准（QC）、能源行业标准（NB）、团体标准（T/CEC）等不同级别标准；

从标准架构看,充电设施标准体系涵盖了充电接口及通信协议标准、充电设施/设备标准、充换电站建设标准、充换电安全标准、充电设施运行维护标准、运行监控及通信标准、充电设备标志标识标准等。我国电动汽车充换电设施标准体系示意如图 4-2 所示。

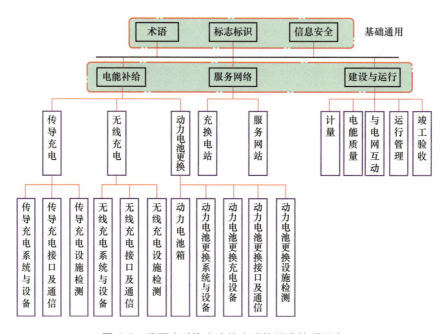

图 4-2 我国电动汽车充换电设施标准体系示意

充电设施标准体系包含四大类,即基础标准、电能补给标准、建设与运行标准、服务网络标准,主要包括传导充电、无线充电、动力电池更换 3 个充电技术路线,涉及术语、传导充电系统与设备标准、无线充电系统与设备标准、动力电池箱标准、计量、服务网络等层面。截至 2021 年 5 月,已经形成 21 个专业领域标准,规划标准 158 项,其中包含国家标准 57 项、行业标准 62 项、团体标准 39 项。

基础通用领域标准包括充换电设施术语、图形标志以及信息安全三个专业领域标准,规划国家标准 3 项,行业标准 1 项,团体标准 1 项。

服务网络领域标准包括充换电站、服务网络两个专业领域标准,规划国家标准 10 项,行业标准 8 项,团体标准 9 项。

建设与运行领域标准包括施工验收、计量、电能质量、与电网互动、运行管理五个专业，规划国家标准 13 项，行业标准 12 项，团体标准 2 项。

电能补给领域作为充电标准体系最重要的部分，包括传导充电系统与设备、传导充电接口及通信、传导充电检测三个专业领域标准。其中，传导式充电包含传导充电系统与设备、传导充电接口及通信、传导充电设备检测，规划国家标准 16 项、行业标准 20 项、团体标准 10 项；无线充电领域包含无线充电系统与设备、无线充电接口及通信、无线充电检测三个专业领域标准，规划国家标准 12 项、行业标准 4 项；动力电池更换领域包括动力电池箱、换电系统与设备、充电设备、换电接口及通信、换电检测五个专业，规划国家标准 9 项、行业标准 8 项、团体标准 6 项。

目前，充换电系统核心标准主要包括充电站/充电机、充电接口、互操作性规范、通信协议、供电系统、动力电池箱等部分。我国现行的部分充换电设施重点标准见表 4-1。

表 4-1 我国现行的部分充换电设施重点标准

序号	标准号	标准名称
1	GB/T 18487.3—2001	《电动车辆传导充电系统 电动车辆交流/直流充电机（站）》
2	GB/T 20234.1—2015	《电动汽车传导充电用连接装置 第 1 部分：通用要求》
3	GB/T 20234.2—2015	《电动汽车传导充电用连接装置 第 2 部分：交流充电接口》
4	GB/T 20234.3—2015	《电动汽车传导充电用连接装置 第 3 部分：直流充电接口》
5	GB/T 34657.2—2017	《电动汽车传导充电互操作性测试规范 第 2 部分：车辆》
6	QC/T 839—2010	《超级电容电动城市客车供电系统》
7	QC/T 895—2011	《电动汽车用传导式车载充电机》
8	QC/T 989—2014	《电动汽车用动力蓄电池箱通用要求》
9	GB/T 38775.1—2020	《电动汽车无线充电系统 第 1 部分：通用要求》
10	GB/T 40032—2021	《电动汽车换电安全要求》

此外，我国在传导式充电安全、互操作性测试等充电设施安全层面也加强了标准制修订，部分重点在研或征求意见的充换电标准见表 4-2。

表 4-2　部分重点在研或征求意见的充换电标准

序号	标准级别	标准名称
1	国家推荐标准	《电动汽车传导充电电磁兼容性要求和试验方法》（已发布）
2		《电动汽车传导充电安全要求》
3		《电动汽车无线充电系统互操作性要求及测试 第 2 部分：车辆端》
4		《电动客车顶部接触式充电系统 第 2 部分：充电连接装置》
5		《电动汽车无线充电系统 第 5 部分：电磁兼容性要求和试验方法》
6		《电动汽车用传导式车载充电机》
7		《电动汽车传导充放电系统 第 4 部分：车辆对外放电要求》
8	汽车行业推荐标准	《电动汽车传导充电用集成式交流供电标准插座》
9		《带功能盒的电动汽车传导充电用电缆组件》
10		《带充电机的电动汽车传导充电用电缆组件》

4.5　标准化工作重点

4.5.1　加快新技术标准制修订

研究制定大功率充电、小功率直流充电、充放电安全技术标准，考虑未来电动汽车在高温、极寒、高海拔、高负载等特殊场景下的充电需求，实现充电接口和通信协议的向前和向后兼容，补充完善充电设备标准、关键元器件标准，提高标准技术指标的针对性和可靠性，提高产品质量，协助车辆技术稳步升级。重点制定标准包括《电动汽车传导式充电设备安全性测试规范》《电化学储能装置传导式充电设施技术规范》《20kW 及以下非车载充电机技术条件及安装要求》等。

4.5.2　加强充电设施运维标准建设

建立充电设备可靠性管理评价标准，完善现场检验、消防安全、运维监督等要求，保障充换电设施的安全运营。建立充电服务标准，制定充电身份认证技术标准，为充电漫游、即插即充技术推广奠定基础。主要修订的标准包括 GB 50966—2014《电动汽车充电站设计规范》、GB/T 51077—2015《电动汽车电池更换站设计规范》、NB/T 33004—2013《电动汽车充换电设施工程施工和竣工验收规范》，起草标准包括《电动汽车充电设施运营站场安全责任评价规范》《电动汽车充电设施故障分类及代码》等。

4.5.3 建立综合标准化体系

开展技术标准白皮书、标准路线图、专题报告、行业测试报告、标准实施评估等形式的体系化标准制定，提供行业管理标准化规范。编制《电动汽车充电设施电工岗位培训教材》《电动汽车充电设施施工验收工作手册》《农村地区电动汽车充电设施建设运维特殊要求》《特种车辆电动汽车充电设施特殊技术要求》等标准和规范。

4.5.4 全面参与国际标准制定

我国积极参与了 ISO、IEC、ITU 等多个国际标准组织的标准制定工作，在多领域提出中国方案，在多个国际标准化组织中担任召集人，例如 IEC/SMB/SEG11 未来可持续交通系统评估工作组、IEC/TC69/WG9 充电信息漫游工作组、IEC/TC69/WG13 动力电池更换工作组。目前我国已经主导制定了 4 项国际标准，提供了 9 个中国标准方案，开展了 10 项在编标准。

我国正积极推动 ChaoJi 大功率充电标准国际化进展。IEC TC69 WG12/MT5 以及 IEC SC23H 中均启动了针对 ChaoJi 技术方案相关条款的修订。相关标准化成果同时被 CHAdeMO 组织引入到全新的快充标准 CHAdeMO 3.0 中。ChaoJi 技术方案已纳入印度大挑战方案，并在韩国、印度尼西亚等国推广。2021 年 4 月，IEC TC69 全会上，我国提出的建立由 TC69 和 SC23H 专家共同组成临时工作组的提案获得全票通过。我国专家担任召集人，主要任务是研究 ChaoJi 直流充电接口与其他充电系统的兼容和安全性问题。

我国参与了充电漫游国际标准化工作，担任 WG9 充电漫游工作组召集人，组织起草了 IEC 63119-1《电动汽车充电漫游信息交互 第 1 部分：通用要求》、IEC 63119-2《电动汽车充电漫游信息交互 第 2 部分：用例》等标准，IEC 63119-3《电动汽车充电漫游信息交互 第 3 部分：消息结构》已于 2020 年正式启动。

我国承担了动力电池更换国际标准化工作，担任 MT 62840 动力电池更换工作组召集人。2019 年 10 月，TC69 全会接受中国召集人提出的扩展 MT

62840 范围的建议，并将 IEC 161851-3-3 规定的轻型车辆及摩托车（电动自行车）的换电要求纳入 IEC 62840 系列标准中。

此外，在信息安全领域，我国也与其他国家共同发起并成立了充电信息安全联合评估组，提出未来全球统一的充电信息安全标准，将中国无线充电参考线圈向国际标准推荐。

4.6 部分重点标准进展

未来，随着车辆性能和充电需求的进一步发展，大功率充电、无线充电等技术标准将逐步制修订。现阶段，重点制定中的标准包括客车和乘用车的大功率充电标准、V2G 标准、无线充电标准等。

4.6.1 大功率充电标准进展

大功率充电标准相关研究始于 2018 年，国家发展和改革委员会、国家能源局、工业和信息化部、财政部于 2018 年 11 月联合发布的《提升电动汽车充电保障能力行动计划》提出"制定电动客车大功率充电技术标准，开展乘用车研发和标准预研工作"。

1. 标准研究现状

目前，中国电力企业联合会与中国汽车技术研究中心正在联合牵头制定大功率充电标准，各厂家也正在研制和试验大功率充电设备。2016 年 3 月，第一次大功率充电技术研讨会召开。2017 年 7 月，电动汽车大功率充电技术与标准预研工作组正式成立，中国电力企业联合会、中国汽车技术研究中心、国电南瑞、宁德时代（CATL）、大众、丰田、戴姆勒、宝马、日产、宇通等 44 家单位参加了成立大会。大会工作组针对中德电动汽车大功率充电技术标准合作内容、《大功率充电接口的可行性分析报告》进行了研讨，分析了大功率充电技术发展方向，并成立大功率充电示范工作组，计划针对乘用车及商用车大功率充电标准体系和大功率充电进行试点工作。

2019 年 3 月，我国联合日本正式成立了 ChaoJi 大功率充电联合工作组。经过数次讨论，确定了充电模式、充电器形式、充电连接口标准、转换器设计方案、热管理和冷却技术方案、通信协议等，并通过开展示范工程进行标准验证。2020年6月，中国电力企业联合会与CHAdeMO联合发布了大功率快充标准ChaoJi和CHAdeMO 3.0，并于2021年3月完成更新，新增ChaoJi通信协议内容。未来，ChaoJi标准可兼容CHAdeMO、GB/T，并具备兼容CCS的能力，将可能打破全球充电接口不统一的壁垒。我国大功率充电标准研究主要动态见表4-3。

表4-3 我国大功率充电标准研究主要动态

时间	主体	主要内容
2016.3	首次大功率主体研讨会	在深圳举办首次大功率主体研讨会
2017.4	大功率充电技术及标准研讨会	建议乘用车采用传导单枪大功率模式，商用车中途采用充电弓补电模式，初步确定乘用车大功率充电主要技术指标，采用连接器转换器、一机多枪等方案解决接口标准向前兼容问题
2017.6	中德电动汽车标准工作组第五次会议	成立中德电动汽车大功率充电联合工作组
2017.7	成立中国大功率充电技术与标准预研工作组会议	讨论《大功率充电接口的可行性分析报告》，拟启动相关标准编制 成立大功率充电示范工作组，计划2018年10月由国家电网牵头进行大功率充电示范项目
2017.8	大功率充电接口技术路线专题讨论会	大功率充电接口技术方案将重点在减小尺寸、简化结构、减少插针数量、新增导入设计方案等方面，提高安全性、可靠性和兼容性
2017.12	大功率充电标准工作组会议	开展大功率充电连接器原型验证，选择客车进行现场试验，与GB/T 20234—2015《电动汽车传导充电用连接装置》兼容性进行协调
2018.2	大功率充电标准工作组会议	充电连接接口设计方案比较、充电电缆与连接器冷却技术的研究、通信协议修订、转换器设计、充电机安全设计、有序充电、热管理等方案讨论
2018.3	大功率充电专题会议	专题研究电池发展及技术要点
2018.6	大功率充电示范专题会议	确定采用方形端面的设计方案，并计划于2018年底召开示范测试试点会议
2018.8	中日联合工作组成立	CEC与CHAdeMO会议，签署电动汽车充电设施领域和标准合作谅解备忘录，成立中日ChaoJi联合工作局
2019.1	大功率充电安全研讨会	大功率充电安全新要求、大电流充电安全问题和改进措施、动力电池快充技术、快速充电对运营安全的影响、大功率充电环境下运营安全防范措施

(续)

时间	主体	主要内容
2019.3	中日电动汽车大功率充电接口联合工作组技术研讨会	大功率充电技术与标准研发进展，大功率充电连接组件设计要点、大功率充电安全、通信协议、导引电路及中日系统的协同，V2X、即插即充等新技术方向
2019.8	国际 ChaoJi 联合工作组会议	中国、日本、德国、瑞士、意大利、澳大利亚、荷兰、韩国等国联合成立国际 ChaoJi 联合工作组
2020.6	联合发布会	中日正式发布 ChaoJi 技术白皮书和 CHAdeMO 3.0 技术标准
2020.9	标准修订工作预备会	组建 GB/T 27930—2015《电动汽车非车载传导式充电机与电池管理系统之间的通信协议》修订核心工作组
2020.12	通信协议编制会	确定 ChaoJi 充电通信协议编制的方向和原则

2. 标准制定目标和阶段

根据 ChaoJi 充电标准工作组计划，大功率充电标准的制定从 2016 年开始预研究，2022 年前后将陆续发布相关标准。

目前，GB/T 18487.1—2015《电动汽车传导充电系统 第 1 部分：通用要求》和 GB/T 27930—2015《电动汽车非车载传导式充电机与电池管理系统之间的通信协议》已经启动修订，将纳入 ChaoJi 充电系统安全、通信协议等关键技术，并于 2021 年 4 月完成第一次征求意见，预计 2021 年底进入评审阶段。GB/T 20234.4《电动汽车传导充电用连接装置 第 1 部分：大功率直流充电连接组件》即将立项。电动客车的大功率充电标准已经完成立项并进行内部征求意见，近期完成编制。大功率充电的通用要求、通信协议、充电弓等标准的条款将结合大功率充电示范试点项目进行技术验证，预计 2021 年上半年完成。计划在 2022 年前后完成乘用车大功率充电标准的制定。我国部分制定中的大功率充电标准见表 4-4。

表 4-4 我国部分制定中的大功率充电标准

整体进展	标准编号	标准名称
修订中标准	GB/T 18487.1—2015	《电动汽车传导充电系统 第 1 部分：通用要求》
	GB/T 27930—2015	《电动汽车非车载传导式充电机与电池管理系统之间的通信协议》

(续)

整体进展	标准编号	标准名称
拟制定标准	GB/T 20234.4	《电动汽车传导充电用连接装置 第1部分：大功率直流充电连接组件》
	NB/T ×××	《电动汽车大功率非车载充电机技术规范》
	NB/T ×××	《电动汽车大功率非车载充电机测试要求》
	NB/T ×××	《电动汽车顶部接触式充电设备技术规范 充电与标准》
充电弓标准	GB/T ×××	《电动客车顶部接触式充电系统 第1部分：通用要求》
	GB/T ×××	《电动客车顶部接触式充电系统 第2部分：连接装置》
	NB/T ×××	《电动汽车顶部接触式充电设备技术规范》
	NB/T ×××	《电动汽车顶部接触式充电站设计规范》

根据现阶段拟定的 ChaoJi 充电标准制定目标，大功率充电技术标准的制定分为两个阶段，第一阶段电流达到或超过 150A、电压 1000V、功率达到或超过 150kW；第二阶段电流 400~600A、电压 1500V、功率达到 600~900kW。乘用车和商用车端的可接受功率分别达到 200kW 和 300kW。在此标准下，电动汽车 5min 即可补充 200km 以上的续驶里程，基本满足城市短途出行的需求。

3. 标准制定的关键要点

大功率充电标准重点在于充电的安全性、可靠性和兼容性。由于涉及充电接口及通信协议标准的修改，大功率充电标准须满足接口的向前兼容性，保证大功率充电接口与现有充电接口的协调，满足 2015 年版充电接口车辆与大功率充电机的匹配，以及大功率充电车辆与 2015 年版充电机的匹配。因此，大功率充电机将配备大功率充电和 2015 年版两种接口，可实现充电兼容，不影响原有充电设施的布局和应用。具备大功率充电功能和接口的电动汽车可随车配套接口适配器，适配器只完成物理尺寸转换，引导电路向前兼容并使用与 2015 年版相同的 CAN 物理接口，满足大功率充电车型在 2015 年版充电机上的使用需求。此外，大功率充电接口也将与小功率直流接口统一标准，并集成实现 V2G、即插即充、有序充电等功能。

在通信协议标准方面，需考虑兼容性、拓展性和灵活性。ChaoJi 通信协议将继续采用 CAN 通信方式，并基于现有的 GB/T 27930—2015《电动汽车非车载传导式充电机与电池管理系统之间的通信协议》进行扩充修改，完善通信协议版本信息，扩充大电流充电范围，增加温度监控信息、放电、热管理、预约充电、即插即充等新功能的信息交互，明确故障等级及处理方式，对故障信息进行完善和分类。此外，还需考虑修订后的通信协议版本与2015年版标准的兼容性问题，保证不同版本协议的识别，适应未来多种场景功能的拓展和应用，并保证协议配置灵活、分层清晰、便于移植。下一步，ChaoJi通信协议将围绕关键参数进行验证，根据征求意见稿的反馈完善通信协议标准，并进行示范项目验证。

大功率充电设备的认证标准也将逐步建立。由于充电基础设施行业的门槛较低，缺少必要的产品准入制度，市场上的产品种类繁多、质量参差不齐，对充电的安全性、可靠性和兼容性产生了一定影响。而大功率充电桩对于元器件、耐压、绝缘、电缆、插头、散热、兼容性等方面有更高的要求，为了确保充电的安全性、可靠性和兼容性，认证制度的制定和出台显得尤为重要。

4.6.2 V2G标准进展

V2G标准体系化的建设，需要由有序充电标准逐步过渡到V2G标准，作为实现V2G技术标准化路径的第一步。我国有序充电领域相关标准已经基本完成，分布式能源并网标准基本成体系。在有序充电标准层面，经过多年技术试点经验，行业机构已在研究制定电动汽车双向互动相关行业标准。2021年5月，正式发布《电动汽车充放电双向互动 第1部分：总则》和《电动汽车充放电双向互动 第2部分：有序充电》两项行业标准的征求意见稿，未来有上升为国家标准的可能性。T/CEC 102.1—2016《电动汽车充换电服务信息交换》1~10部分也将实现完善和国产化编制，形成电动汽车充电设施与电网互动有序充电标准。

分布式能源入网标准层面相对完善，主要涉及入网条件、控制、安全保护等要求。现行标准包括GB/T 37409—2019《光伏发电并网逆变器检测技术规范》、GB/T 33982—2017《分布式电源并网继电保护技术规范》、GB/T 33592—2017《分布式电源并网运行控制规范》、GB/T 33593—2017《分布式电源并网技术要求》、GB/T 33599—2017《光伏发电站并网运行控制规范》、GB/T 28566—2012《发电机组并网安全条件及评价》、GB/T 19939—2005《光伏系统并网技术要求》、GB/T 37663.3—2019《湿热带分布式光伏户外实证试验要

求 第 3 部分：并网光伏系统》、GB/T 33342—2016《户用分布式光伏发电并网接口技术规范》、GB/T 30427—2013《并网光伏发电专用逆变器技术要求和试验方法》等。这些标准对新能源汽车并网提供了大量技术依据，国家标准化管理委员会将基于以上分布式能源标准，结合新能源汽车特点，制定新能源汽车的并网标准。

V2G领域相关标准进展总体缓慢，且尚未有针对车辆对外放电的相关标准。主要缺失集中在电动汽车放电通用要求标准，对外放电（Vehicle to Load，V2L）等离网放电应用标准，V2G等并网放电时放电设施与电网之间数据通信标准，以及放电设施满足电网电能要求标准等方面。目前，国家标准化管理委员会正在组织行业制定 GB/T 18487《电动汽车传导充放电系统 第4部分：车辆对外放电要求》。此外，汽车行业标准 QC/T 1088—2017《电动汽车用充放电式电机控制器技术条件》涉及部分放电标准内容。该标准规定了电机控制器具备电机驱动逆变器、车载充电机和车外放电逆变器三种功能，其中，放电逆变器中初步涉及对外放电功能。

4.6.3 无线充电标准进展

我国自2015年开始乘用车无线充电相关标准的研究与编制工作，并于2017年6月成立电动汽车无线充电标准化工作组。目前已规划16项国家标准、立项7项，另有4项基础技术要求标准已于2020年4月28日发布，包括 GB/T 38775.1—2020《电动汽车无线充电系统 第1部分：通用要求》、GB/T 38775.2—2020《电动汽车无线充电系统 第2部分：车载充电机和无线充电设备之间的通信协议》、GB/T 38775.3—2020《电动汽车无线充电系统 第3部分：特殊要求》、GB/T 38775.4—2020《电动汽车无线充电系统 第4部分：电磁环境限值与测试方法》。其中，通用要求和特殊要求规定了电动汽车无线充电系统产品设计以及测试的功率传输、系统功能等要求，给出了明确的性能、安全指标，明确了测试方法，形成了对产品设计和测试的规范性指导。通信协议规范了无线充电的具体流程、参数和数据定义，明确了系统功率传输部分的最小通信协议架构。电磁环境限值和测试方法规定了电磁环境暴露限值，提供了部件和装车的无线充电系统的电磁环境测试和评估方法。

此外，另有3项无线充电标准正在制定中，包括《电动汽车无线充电系

统 第5部分：电磁兼容性要求和测试》《电动汽车无线充电系统 互操作性要求及测试 第1部分：地面端》和《电动汽车无线充电系统 互操作性要求及测试 第2部分：车辆端》，其中关键的2项互操作性标准已在征求意见中，预计近期发布。商用车无线充电标准《电动汽车无线充电系统 第8部分：商用车应用特殊要求》《立体停车库无线供电系统技术要求及测试规范》已报批。

未来，国家标准化管理委员会还将牵头制定《电动汽车无线充电系统 通信一致性测试》《电动汽车无线充电系统 测试规范要求》《电动汽车无线充电系统 地面设备测试规范》《电动汽车无线充电系统 车载设备测试规范》《电动汽车无线充电站设计规范》《电动汽车无线充电系统运行维护规范》等标准。乘用车无线充电标准体系见表4-5。

表4-5 乘用车无线充电标准体系

系统	分类	标准名称	状态
系统与设备	技术要求	《电动汽车无线充电系统 第1部分：通用要求》	GB/T 38775.1—2020，已发布
	设备要求	《电动汽车无线充电系统 第3部分：特殊要求》	GB/T 38775.3—2020，已发布
接口	通信	《电动汽车无线充电系统 第2部分：车载充电机和无线充电设备之间的通信协议》	GB/T 38775.2—2020，已发布
	互操作性	《电动汽车无线充电系统互操作性要求》	已立项，分为地面端和车载端
测试	互操作性测试	《电动汽车无线充电系统通信一致性测试》	申请中
		《电动汽车无线充电系统互操作性测试》	
	安全性测试	《电动汽车无线充电系统 第4部分：电磁环境限值与测试方法》	GB/T 38775.4—2020，已发布
		《电动汽车无线充电电磁暴露限值与测试方法》	已立项
		《电动汽车无线充电系统地面设备测试规范》	
		《电动汽车无线充电系统车载设备测试规范》	
施工验收	充电站	《电动汽车无线充电站设计规范》	
		《电动汽车无线充电站工程施工和竣工验收规范》	
运行维护	计量	《电动汽车无线充电系统电能计量》	
	充电站	《电动汽车无线充电系统运行维护规范》	

4.6.4 充换电设施消防安全标准进展

目前，根据充电设施建设运营过程中的实际消防需求，涉及的通用消防标准包括 GB 50058—2014《爆炸危险环境电力装置设计规范》、GB 50016—2018《建筑设计防火规范》、GB 50045—2017《高层民用建筑设计防火规范》、GB 50058—2014《爆炸危险环境电力装置设计规范》等。根据标准要求，充电设施选址不应靠近有潜在火灾或爆炸危险的地方，应满足周围环境在噪声、尘土和腐蚀性气体方面的要求。在发生火灾时，应立即将充电设施电源切断，公共场所的分散式充电设施应与公共场所的安防、消防等系统联动。分散式充电设施不宜设在有可能积水的场所。安全警示标志必须清晰、明了，灭火器必须加强检查。

未来，我国标准研究机构将与消防部门协调，积极开展充电设施设置场所消防安全技术研究，及时制修订充电设施专用消防安全标准，完善充换电设备、电动汽车动力电池等产品防火安全要求，制定针对电动汽车充换电设施场所的防火设计规范、消防验收标准、充换电设施消防安全标准，并加强消防监督检查，提升充换电设备及充换电设施场所的消防安全水平。

4.6.5 充电设施互联互通标准规范进展

充电设施的互联互通包括接口和通信协议互通、充电服务信息互联互通、支付互联互通三部分内容，目前已形成接口、通信协议、互操作性测试等方面的标准。

充电接口和协议互联互通，中国电力企业联合会和中国汽车技术研究中心牵头进行了数期电动汽车传导充电系统互操作性测试，包括单边测试和实车实桩测试等。通过试验验证电动汽车充电互操作测试标准，以及充电设施和电动汽车对新国家标准的执行情况。目前，互操作性集中测试及实验室对比测试活动已经开展了 3 期工作，互操作测试案例发现问题 26 类共计 303 条。通过测试可知，整个行业的充电互操作能力有了大幅提高，行业对充电互操作的重视进一步提高，存在的主要问题是对新标准理解不一致和对新标准规定执行不规范。

充电服务信息互联互通，主要为了实现公共充电信息的统一接口通信协议，实现充电网络数据交换，满足不同用户的查询、导航、充电等功能需求。《电动汽车充换电服务信息交换》规范了统一的信息交换标准体系。地方政府也可牵头建立统一的管理平台，纳入各运营企业服务平台，向公众提供本地化的充电服务互联互通信息和服务功能。此外，可研究建立行业统一的充电设施信息编码规则，制定充电漫游统一标识，利用区块链技术解决不同运营商之间的数据协同问题。

充电支付互联互通，需在不同运营商的充电设施上完成充电漫游和支付，由于涉及不同运营企业之间的资金结算，难度相对较高。标准的制定目标是需要实现统一的跨运营商充电流程，建立跨运营商充电支付结算机制、支付互联互通服务标识、临时充电需求协同。正在制定中的相关标准包括《监管信息接口规范》《信息服务平台功能规范》《充换电设备接入服务平台接口规范》等。

4.6.6 换电领域标准进展

2021年5月，国家市场监督管理总局（国家标准化管理委员会）批准发布了GB/T 40032—2021《电动汽车换电安全要求》，这是我国在换电领域的首个基础通用国家标准，解决了换电模式无标准可依的紧迫问题，有助于引导提升换电电动汽车的安全性。标准规定了换电电动汽车的安全要求、试验方法和检验规则，规定了卡扣式5000次和螺柱式1500次的最低换电次数要求，以确保用户在车辆设计使用寿命内换电时的机械安全。在高压安全方面，标准明确要求换电系统的直流电路绝缘电阻应大于100Ω/V，交流电路绝缘电阻应大于500Ω/V。

下一步，国家标准化管理委员会将进一步加快修订现有换电国家、行业标准，提高标准的可操作性，修订GB/T 29772—2013《电动汽车电池更换站通用技术要求》、GB/T 33341—2016《电动汽车快换电池箱架通用技术要求》、GB/T 32879—2016《电动汽车更换用电池箱连接器通用技术要求》、GB/T 32895—2016《电动汽车快换电池箱通信协议》、NB/T 33025—2016《电动汽车快速更换电池箱通用要求》、NB/T 33006—2013《电动汽车电池箱更换设备通用技术要求》，加快制定《换电站检修规范》和《换电系统兼容性测试规范》。

此外，中国汽车工业协会正在组织制定团体标准《电动乘用车共享换电站建设标准》，已确定标准编制的总体框架和初稿，正向行业征求意见。

4.6.7 未来充电技术标准制定方向展望

未来,充电标准的重点发展方向和制定重点,主要集中在以下几个技术方向:慢充标准层面,以小功率直流充电标准、无线充电互操作标准及关键元器件标准、有序充电标准为主;快充标准将以 ChaoJi 标准体系的建设为主;换电层面将优先以重型货车换电、共享换电标准的制定为主;充电服务层面,将制定充电漫游标准、即插即充标准、充电身份认证标准;机场、码头、物流场站、极寒区、老旧小区等特殊区域的充电标准也将纳入研究范畴。此外,我国还将继续推动国内国际标准的协调发展。

第5章 我国充电基础设施支持政策现状

我国政府充分重视充电基础设施发展,在国家和地方层面均形成了较为完善的充电基础设施支持政策体系,包括充电设施规划、财税支持政策、充电服务费价格政策、管理运营规范、充电设施用地优惠等方面,共同推动充电设施的建设和发展。

5.1 国家层面充电基础设施政策

国家层面的充电基础设施支持政策主要包括充电基础设施发展规划、财政补贴、建设管理规范三种类型。2014年,我国首先制定了电动汽车充电价格政策,以及对地方充电基础设施建设奖励的支持政策,并在2016年初对奖励政策进行了延续。2015年制定了基础设施指导意见和指南顶层规划,为了落实下一阶段主要任务,2016年后支持政策集中在比较细化的使用阶段,包括新国家标准接口的落实方案,以及居民区、单位内部、停车场等不同区域的充电桩建设支持措施。国家层面对于充电基础设施的主要支持政策见表5-1。

表5-1 国家层面对于充电基础设施的主要支持政策

发布时间	政策名称	主要内容
2012.7	《节能与新能源汽车产业发展规划(2012—2020年)》	制订充电设施总体发展规划,将充电设施纳入城市综合交通运输体系规划和城市建设相关行业规划。开展充电设施关键技术研究。加快制定充电设施相关技术标准。鼓励成立独立运营的充换电企业,建立分时段充电定价机制

(续)

发布时间	政策名称	主要内容
2014.7	《关于加快新能源汽车推广应用的指导意见》	完善用电价格政策。2020年前，对电动汽车充电服务费实行政府指导价管理。对经营性集中式充电设施用电，执行大工业用电价格，电动汽车充电设施用电执行峰谷分时电价政策
2015.9	《关于加快电动汽车充电基础设施建设的指导意见》	到2020年，基本建成适度超前、车桩相随、智能高效的充电基础设施体系，满足超过500万辆电动汽车的充电需求；新建住宅配建停车位100%，建设充电设施或预留建设安装条件，大型公共建筑物配建停车场，社会公共停车场建设充电设施或预留建设安装条件的车位比例不低于10%
2015.10	《电动汽车充电基础设施发展指南（2015—2020年）》	2015—2020年，我国新增充换电站超过1.2万座，分散式充电桩超过480万个
2016.1	《关于"十三五"新能源汽车充电基础设施奖励政策及加强新能源汽车推广应用的通知》	中央给予财政资金下达地方，用于支持充电设施建设运营、改造升级、充换电服务网络运营监控系统建设等相关领域
2016.7	《关于加快居民区电动汽车充电基础设施建设的通知》	分批在京津冀鲁、长三角、珠三角等地重点城市开展试点示范。规范新建住区充电设施建设，加强现有居民区设施改造
2016.12	《关于统筹加快推进停车场与充电基础设施一体化建设的通知》	鼓励引导有实力的停车场管理企业及充电服务企业开展停车充电一体化项目建设运营。到2020年，居住区停车位、单位停车场、公交及出租车场站、公共建筑物停车场、社会公共停车场、纳入国家充电基础设施专项规划的高速公路服务区等配建的充电基础设施或预留建设安装条件的车位比例明显提升，有效满足电动汽车充电基本需求
2017.1	《加快单位内部电动汽车充电基础设施建设》	到2020年，公共机构新建和既有停车场要规划建设配备充电设施（或预留建设安装条件）比例不低于10%；中央国家机关及所属在京公共机构比例不低于30%；在京中央企业比例力争不低于30%
2018.11	《提升新能源汽车充电保障能力行动计划》	力争用3年时间大幅提升充电技术水平，提升充电设施产品质量，加快完善充电标准体系，全面优化充电设施布局，显著增强充电网络互联互通能力，快速升级充电运营服务品质，进一步优化充电基础设施发展环境和产业格局

（续）

发布时间	政策名称	主要内容
2019.3	《关于进一步完善新能源汽车推广应用财政补贴政策的通知》	2019年6月25日后，地方财政不再对新能源汽车（新能源公交车和燃料电池汽车除外）给予购置补贴，转为用于支持充电（加氢）基础设施"短板"建设和配套运营服务等方面
2019.5	《绿色出行行动计划》	完善行业运营补贴政策，加大对充电基础设施的补贴力度，将新能源汽车购置补贴资金逐步转向充电基础设施建设及运营环节，推广落实各种形式的充电优惠政策
2019.6	《贯彻落实〈关于促进储能技术与产业发展的指导意见〉2019—2020年行动计划》	开展充电设施与电网互动研究。组织充电基础设施促进联盟等相关方面开展充电设施与电网互动等课题研究，2020年研究开展试点示范等相关工作
2019.11	《产业结构调整指导目录（2019年本）》	在鼓励类中明确了电动汽车充电设施、新能源汽车关键零部件及车载充电机等设备
2020.3	《新能源汽车产业发展规划（2021—2035年）》	落实好现行中央财政新能源汽车推广应用补贴政策和基础设施建设奖补政策，推动各地区按规定将地方资金支持范围从购置环节向运营环节转变，重点支持用于城市公交
2020.11	《关于促进消费扩容提质加快形成强大国内市场的实施意见》	加快充换电基础设施建设，加快形成适度超前、慢充为主、应急快充为辅的充电网络，加强智能有序充电、大功率充电等新型充电技术研发。提升充电基础设施服务水平，引导企业联合建立充电设施运营服务平台，实现互联互通、信息共享与统一结算。支持居民区多车一桩，相邻车位共享等合作模式。鼓励充电场站与商业地产相结合，建立智能立体充电站
2021.5	《关于进一步提升充换电基础设施服务保障能力的实施意见（征求意见稿）》	加快推进居住社区充电设施建设安装，提升城乡地区充换电保障能力，加强车网互动等新技术研发应用，加强充换电设施运维和网络服务，做好配套电网建设与供电服务，加强质量和安全监管，加大财税金融支持力度

5.1.1 财政补贴

1.《关于电动汽车用电价格政策有关问题的通知》

2014年7月30日，国家发展和改革委员会价格司发布《关于电动汽车用电价格政策有关问题的通知》，通知对居民区、半公共区以及集中经营性等不同区域电动汽车充换电设施的用电价格政策、服务费收取原则、电网改造成本承担方等做了明确规定，从需求侧保障了电动汽车较低的充电使用成本。

2.《关于新能源汽车充电基础设施建设奖励的通知》

2014年11月25日，财政部、科技部、工业和信息化部、国家发展和改革委员会发布《关于新能源汽车充电基础设施建设奖励的通知》，根据各省市2013—2015年电动汽车推广数量，安排1000万元到1.2亿元不等的奖励资金，用于本地充电基础设施建设运营、充电桩改造升级、网络监控系统的建设等补贴。

3.《关于"十三五"新能源汽车充电基础设施奖励政策及加强新能源汽车推广应用的通知》

2016年1月，财政部、科技部、国家发展和改革委员会、国家能源局联合发布《关于"十三五"新能源汽车充电基础设施奖励政策及加强新能源汽车推广应用的通知》，作为中央政府对地方政府充电基础设施奖励的延续性政策，根据各省市从2016—2020年不同的新能源汽车推广数量以及占新增车辆的比例，设立了从3000万元到2亿元不等的奖励资金。

5.1.2 发展规划

1.《关于加快电动汽车充电基础设施建设的指导意见》

2015年9月30日，国务院办公厅印发《关于加快电动汽车充电基础设施建设的指导意见》，明确了我国充电基础设施建设的原则、目标和主要任务，形成了全国充电设施建设的顶层设计，提出到2020年基本建成满足超过500万辆电动汽车的充电需求，各地方政府于2016年3月底前发布充电基础设施专项规划。

2.《电动汽车充电基础设施发展指南（2015—2020年）》

2015年10月9日，国家发展和改革委员会、国家能源局、工业和信息化部、住房和城乡建设部四部委联合印发《电动汽车充电基础设施发展指南（2015—2020年）》，作为承接《关于加快电动汽车充电基础设施建设的指导意见》的落地政策，确立了我国充电基础设施的发展路线图，侧重于对未来我国充电基础设施布局提供指导，不仅提出了我国"十三五"阶段充电基础设施发展的总体目标，还提出了分区域和分场所建设的目标与路线图，明确到2020年建成1.2万座集中式充换电站、480万个分散式充电桩的目标，并提出下一阶段的重点任务。

3.《新能源汽车产业发展规划（2021—2035 年）》

2020 年 11 月 3 日，《新能源汽车产业发展规划（2021—2035 年）》正式发布，要求"加快充换电基础设施建设，提升充电基础设施服务水平，鼓励商业模式创新"，提出了"提升智能化水平，积极推广智能有序慢充为主、应急快充为辅的居民区充电服务模式，加快形成适度超前、快充为主、慢充为辅的高速公路和城乡公共充电网络，鼓励开展换电模式应用，加强智能有序充电、大功率充电、无线充电等新型充电技术研发，提高充电便利性和产品可靠性"。此外，还要求继续提升运营商的智能化、信息化服务水平，并鼓励小区公共充电桩建设等创新商业模式。

5.1.3 管理规范

1.《关于加快居民区电动汽车充电基础设施建设的通知》

2016 年 7 月，国家发展和改革委员会、国家能源局、工业和信息化部、住房和城乡建设部四部委联合发布了《关于加快居民区电动汽车充电基础设施建设的通知》，明确了居民区自用充电桩及公共充电桩在安装流程中各相关主体的责任和义务，调动各方积极性，让居民区充电桩安装有法可依。

2. 关于印发《电动汽车充电基础设施接口新国标的实施方案》的通知

2016 年 12 月 20 日，国家发展和改革委员会、国家能源局、工业和信息化部三部委联合发布了关于印发《电动汽车充电基础设施接口新国标的实施方案》的通知，提出了车辆以及充电桩升级改造方面的任务要求，保障新旧国家标准充电方式的平稳过渡，推进充电设施互联互通。

3.《关于统筹加快推进停车场与充电基础设施一体化建设的通知》

2016 年 12 月 28 日，国家发展和改革委员会、住房和城乡建设部、交通运输部、国家能源局联合发布《关于统筹加快推进停车场与充电基础设施一体化建设的通知》，鼓励引导有实力的停车场管理企业及充电服务企业开展停车充电一体化项目建设运营，推动城市快充站和高速公路服务区城际快充站建设，简化停车充电一体化项目审批流程，从而解决城市停车资源紧张、充电难的问题。

4.《关于加快单位内部电动汽车充电基础设施建设的通知》

2017 年 1 月 13 日，国家能源局、国务院国有资产监督管理委员会、国家机关事务管理局发布《关于加快单位内部电动汽车充电基础设施建设的通知》，要求到 2020 年，公共机构新建和既有停车场要规划建设配备充电设施比例不低于 10%；中央国家机关及所属在京公共机构比例不低于 30%；在京中央企业比例力争不低于 30%，解决职工车辆在单位的充电问题。

5. 《提升新能源汽车充电保障能力行动计划》

2018 年 11 月，国家发展和改革委员会、国家能源局、工业和信息化部、财政部联合发布了《提升新能源汽车充电保障能力行动计划》，要求力争用 3 年时间大幅提升充电技术水平，提高充电设施产品质量，加快完善充电标准体系，全面优化充电设施布局，增强充电网络互联互通能力，快速升级充电运营服务品质，进一步优化充电基础设施发展环境和产业格局。

6. 《关于进一步提升充换电基础设施服务保障能力的实施意见（征求意见稿）》

2021 年 5 月，国家发展和改革委员会发布了《关于进一步提升充换电基础设施服务保障能力的实施意见（征求意见稿）》（以下简称《意见》），以加快提升充换电基础设施服务保障能力。《意见》提出加快推进居住社区充电设施建设安装，完善居住社区充电桩建设推进机制，推进既有居住社区充电桩建设，严格落实新建居住社区配建要求，创新居住社区充电服务商业模式；提升城乡地区充换电保障能力，建立健全规划工作机制，优化城乡公共充换电网络建设布局，加快高速公路快充网络有效覆盖，提升单位和园区内部充电保障；加强车网互动等新技术研发应用，推动 V2G 协同创新与试点示范，鼓励推广智能有序充电，加强充换电技术创新与标准支撑，加快换电模式推广应用；加强充换电设施运维和网络服务，加强充换电设备运维与充电秩序维护，提升公共充电网络服务体验；做好配套电网建设与供电服务，加强配套电网建设保障，加强配套供电服务和监管；加强质量和安全监管，建立健全行业监管体系，加快建立国家、省、市三级监管平台体系；加大财税金融支持力度，优化财政和税收支持政策，提高金融服务能力。

5.2 地方层面充电基础设施政策及发展趋势

5.2.1 地方支持政策整体现状

各地方政府出台了一系列相关配套政策措施，从充电基础设施建设规划、财政补助标准、充换电服务费价格等方面配合国家政策的落实，采取不同措施联合推动行业发展，推动地方充电基础设施的建设。在规划层面，从充电桩数量、车桩比、充电车位占比等维度设立建设目标，推进居民区充电桩建设，鼓励私人充电桩和公共充电场站协同发展；在补贴层面，发布充电基础设施补贴奖励政策，通过建设补贴和运营考核两个维度进行资金支持；在充电服务费层面，设定地方费用上限指导标准，并逐步放开市场化竞争；在监管层面，依靠地方政府建立充电信息监控平台、设定运营商准入门槛等方式，规范充电设施准入条件。

5.2.2 地方建设规划逐步完善

各省市积极响应国家"新基建"政策要求，出台了适合本地特点的充电设施专项规划，设定了"十四五"期间的充电基础设施建设目标、布局等。部分城市也提出了额外的审批流程上的要求，以及各类建筑物内配建充电桩的比例要求。例如北京市《电动汽车充电基础设施专项规划（2016—2020年）》中，提出了对于新建设各类建筑物应按规定配比标准建设充电设施或预留建设安装条件，完成相关标准成为规划审批的前置条件，例如要求居住类建筑按照配建停车位的100%规划建设；办公类建筑、商业类建筑及社会停车场、医院学校等其他类建筑分别按照配建停车位的25%、20%、15%规划建设。我国部分省市的充电基础设施建设规划方案见表5-2。

表5-2 我国部分省市的充电基础设施建设规划方案

时间	发布主体	文件名称	主要内容
2019.10	南宁市	《南宁市加快建设电动汽车充电基础设施三年行动计划（2019—2021年）》	计划至2021年，累计建设充电桩17998个
2019.12	山东省	《进一步加强和规范全省电动汽车充电基础设施建设运营管理的实施意见》	到2022年底前，全省充电基础设施保有量达到10万个以上，基本建成"车桩相随、布局合理、智能高效、保障有力"的充电基础设施体系。公共停车场配建的充电基础设施，2022年年底前占车位比例不得低于15%
2020.1	上海市	《上海市国民经济和社会发展第十四个五年规划和2035年远景目标纲要》	加快布设新型充电基础设施和智能电网设施，到2025年，新建20万个充电桩、45座出租车充电示范站，推进加强智能电网、加氢站、智慧燃气体系建设

（续）

时间	发布主体	文件名称	主要内容
2020.2	广西壮族自治区	《广西"能源网"基础设施建设大会战实施方案（2020—2022年）》	2020—2022年，全区14个设区市共新建新能源汽车充电桩20335个、充电插座58100个，总投资13.4亿元
2020.4	吉林省	《吉林省新基建"761"工程实施方案》	2020年，新建各类充电桩3600个，投资40.27亿元。"十四五"期间新建各类充电桩1.2万个，投资425.16亿元
2020.5	三亚市	《三亚市加快新型基础设施建设若干措施》	2023年前，每年安排资金1亿元用于扶持新型基础设施建设
2020.6	北京市	《北京市加快新型基础设施建设行动方案（2020—2022年）》	到2022年，新建不少于5万个电动汽车充电桩，建设100座左右换电站。2023年前，建成加氢站37座，2025年，建成74座
2020.7	济南市	《关于加快推进全市新能源汽车充电基础设施建设的实施意见》	到2022年底，全市充电基础设施保有量力争突破5万，逐步形成适度超前、快慢相济、布局合理的充换电网络
2020.8	河南省	《河南省加快电动汽车充电基础设施建设的若干政策》	到2025年，全省累计建成集中式充换电站2000座以上，各类充电桩15万个以上
2020.9	云南省	《云南省能源局关于做好2020—2022年充电基础设施建设工作的通知》	2021年底前，建设20万个充电桩（含私人充电桩）；公共充电桩方面，计划2020年全省范围内建设1万个，2021年建设1.6万个。2020年全省建设换电站14座，2021年建设26座
2020.11	成都市	《成都市新型基础设施建设专项规划（送审稿）》	到2022年，成都市规划新建2.3万个充电桩，建设加氢站15座以上
2020.11	广东省	《广东省推进新型基础设施建设三年实施方案（2020—2022年）》	到2022年，全省建成约18万个充电桩，建立可转移负荷有序充电、V2G（车辆到电网）、充放储一体化运营体系。到2022年，新建200座加氢站
2020.12	江西省	《江西省加快推进电动汽车充电基础设施建设三年行动计划（2021—2023年）》	到2023年，全省确保新建成各类充电站96座、各类充电桩3万个，力争建成充电站190座、充电桩6万个
2021.2	湖南省	《关于加快电动汽车充（换）电基础设施建设的实施意见》	到2022年底，长沙建成2万个充电桩，到2025年底，湖南省建设运营充电桩40万个

5.2.3 建设补贴标准倾向于依据充电功率，直流充电桩补贴比例较高

目前，国家对地方层面的充电设施补贴是按照各地方新能源汽车推广数量，以奖励资金的方式定额发放。随着新能源汽车推广规模不断增加，更多城市完善了充电基础设施补贴政策，主要包括按照投资总额比例、设备投资总额比例或按功率进行补贴等形式。我国部分地区充电桩投资补贴及运营奖励政策见表5-3。

表5-3 我国部分地区充电桩投资补贴及运营奖励政策

时间	发布主体	文件名称	投资补贴	运营奖励
2017.4	武汉市	《武汉市新能源汽车充电基础设施补贴实施方案》	公共充换电站，补贴投资额的20%；分散式公共直流充电桩600元/kW，交流充电桩400元/kW	
2017.6	合肥市	《合肥市新能源汽车推广应用财政补助管理细则（2017年修订）》		0.6元/kW·h
2018.1	广东省	《关于做好广东省新能源汽车推广应用地方财政补贴工作的通知》	直流充电桩不高于300元/kW，交流充电桩不高于60元/kW	每年给予平台网络运营补贴100万元
2018.4	大连市	《大连市鼓励电动汽车充电基础设施发展专项资金管理办法》	公共充电桩、专用充电桩补贴设备投资的30%，上限为直流充电桩600元/kW·h，交流充电桩300元/kW·h；城市公共服务单位的充电基础设施项目，给予充电设施投资40%的财政资金补贴，上限为直流充电桩800元/kW·h，交流充电桩400元/kW·h；对建设集中式充电站，在上述政策的基础上，再给予总投资20%的财政资金补贴	
2018.5	西安市	《西安市新能源汽车推广应用地方财政补贴资金管理暂行办法》	实际投资的30%（不含征地费用）	

(续)

时间	发布主体	文件名称	投资补贴	运营奖励
2018.6	百色市	《百色市"十三五"新能源汽车推广应用财政补贴资金管理实施细则(暂行)》	直流充电桩300元/kW,交流充电桩200元/kW	
2018.7	绍兴市	《绍兴市区2018年新能源汽车推广应用财政补助办法》	实际投资额的20%	
2019.1	深圳市	《深圳市2018年新能源汽车推广应用财政支持政策》	直流充电桩600元/kW,40kW及以上交流充电桩300元/kW,40kW以下200元/kW	
2019.2	常州市	《2018年常州市新能源汽车推广应用地方财政补助实施细则》	交流充电桩300元/kW,直流充电桩600元/kW	
2019.7	广西壮族自治区	《关于组织申报新能源汽车充电基础设施补贴资金的通知》	根据充电设施综合投资成本和充电桩功率进行一次性补贴:①直流、交直流一体、无线充电设施,标准补贴600元/kW;②交流充电桩:标准补贴300元/kW	
2019.7	海南省	《海南省电动汽车充电基础设施建设运营暂行管理办法》	以每个充电桩的额定功率为基数,按照2020年前(含2020年)200元/kW、2021—2025年100元/kW,补贴上限2020年前不超过设备投资额的15%、2021—2025年不超过10%	2020年前补贴标准0.2元/kW·h,2021—2025年补贴标准0.1元/kW·h;单桩补贴上限为200元/年
2020.1	山东省	《关于明确中央新能源汽车充电基础设施奖补资金使用方式的通知》	直流充电桩400元/kW,上限4.8万元/桩;交流充电桩300元/kW,上限2000元/桩;有序交流充电桩奖补400元/kW,上限4000元/桩。在居民区内建设公共充电桩,按照总投资扣除充电设施购置费用外剩余投资的40%给予建设奖补	
2020.2	深圳市	《深圳市2019—2020年新能源汽车推广应用财政补贴实施细则》	直流充电设备400元/kW;对40kW及以上交流充电设备200元/kW,40kW以上交流充电设备100元/kW	

(续)

时间	发布主体	文件名称	投资补贴	运营奖励
2020.3	天津市	《2020年居民小区公共充电桩建设实施方案（征求意见稿）》	2020年，全市各区确保完成1000个公共充电桩建设。对于通过验收的充电设施，市发展和改革委员会同相关部门给予相应的建设和运营补贴	充电服务费按不高于0.4元/kW·h优惠价格收取
2020.3	广州市	《广州市电动汽车充电基础设施补贴资金管理办法（修订征求意见稿）》	充电桩项目：①直流充电桩、交直流一体化充电桩、无线充电设施按照300元/kW的标准补贴；②交流充电桩按照60元/kW的标准补贴；③换电设施项目按照2000元/kW的标准补贴	按照0.1元/kW·h的补贴标准，充电桩每桩补贴上限小时数2000小时/年，换电站上限小时数3000小时/年
2020.3	北京市	《2020年度北京市单位内部公用充电设施建设补助资金申报指南》《2019—2020年度北京市电动汽车社会公用充电设施运营考核奖励实施细则》	7kW及以下充电补贴0.4元/W，7kW以上充电补贴0.5元/W。公用充电站最高奖20万元/年	
2020.3	上海市	《上海市促进电动汽车充（换）电设施互联互通有序发展暂行办法》	仅对充电示范站进行设备投资补贴，出租车充电示范站可享受设备金额30%的补贴，上限为直流充电桩600元/kW，交流充电桩300元/kW；对于市级平台设备升级建设投资及APP应对平台的相关研发费用，给予50%财政支持，上限不超过1000万元	根据运营评分情况给予不同等级的补贴，评分越高补贴越多，公共充电桩最高补贴0.8元/kW·h，专用充电桩最高补贴0.3元/kW·h
2020.7	河南省	《河南省加快电动汽车充电基础设施建设的若干政策》	按照主要充电设备投资总额的40%给予省级财政奖补；其他满足总装机功率600kW以上或集中建设20个以上充电桩（群）的公用充电设施，2021年，省级建设奖补标准退坡至30%	

1. 按总投资或设备投资比例补贴

在按总投资比例补贴的相关政策中，补贴力度为10%~30%，例如西安市设定了总投资额30%的补贴比例标准，绍兴市设定了总投资额20%的补贴标准。

更多城市采用了按设备投资额进行补贴的方式，电动汽车推广数量较多、奖励资金充足、财政实力较强的城市补贴比例较高，补贴额普遍在30%左右，例如大连市设定了公共充电设施40%、专用充电设施30%、集中式充电站额外补贴总投资金额20%。部分城市，例如上海市、武汉市、大连市，在设定补贴比例后，设定了按功率计算的补贴上限，以控制单桩补贴强度。另一些城市，例如武汉市、成都市，设定了单座充换电站的补贴上限（100万~600万元不等），用以控制充电站建设的补贴强度。我国部分省市充电设施政府补贴比例如图5-1所示。

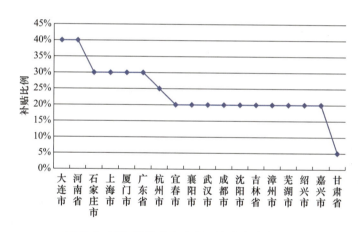

图5-1　我国部分省市充电设施政府补贴比例

2. 充电基础设施功率补贴

近年来，随着充电设备成本的降低，运营商的建设成本也随之降低。为了实现按充电桩充电服务能力补贴的原则，越来越多的城市采用了按功率进行补贴的方法。

例如江苏省部分城市奖励资金充足，财政实力强，设定了较高的补贴标准，对直流充电桩补贴900元/kW，交流充电桩也达到了600元/kW，基本可覆盖充电设备成本的30%以上。上海市、广东省、吉林省、厦门市、大连市等省市按照设备投资额比例补贴，但设定了单位功率补贴上限，以控制补贴上限。上海市按充电设施建设规模、充电量及信息互联互通水平补贴，对专用、公用充换电设备，给予 30% 的财政资金补贴。深圳市、南京市等城市在原有补贴标准上均进行了较大幅度的提高，吸引充电设施建设。由于设备成本逐年下降，广东省、海南省都设定了逐年下降的补贴标准。部分省市采用两级补贴，提高补贴金额，同时设置单座充电站或桩群补贴总金额上限。广西壮族自治区、广州市等地出台了针对无线充电、换电设施的补贴措施。

采用按设备功率补贴的方式，可以依据充电服务能力来进行补贴，有效控制补贴上限，并且在一定程度上实现"重点定向补贴"。例如山东省对于交流有序充电桩，单桩补贴上限是普通交流充电桩的 2 倍，达到了 4000 元/桩，利好特来电的有序充电桩群建设。深圳市设定按功率补贴，直流充电设备给予 600 元/kW 补贴，40kW 及以上交流充电设备给予 300 元/kW 补贴，40kW 以下给予 200 元/kW 补贴，利好比亚迪的交流快速充电桩建设。部分省市的充电设施按功率补贴标准或上限如图 5-2 所示。

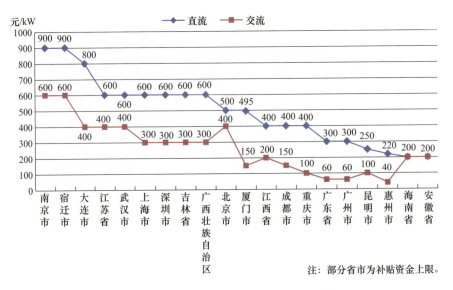

图 5-2　部分省市的充电设施按功率补贴标准或上限

5.2.4　资金支持倾向于运营阶段补贴

地方政府对充电基础设施的资金支持，进一步倾向于用电、经营等运营阶段各环节。西安市、合肥市、北京市等地出台了用户用电补贴措施，积极促进用电，提高运营效率，实现了"多用多补"的原则，鼓励提高用电量和充电桩利用率。上海市、柳州市、海南省等地出台了运营商补贴措施，促进监控平台建设、提高设备使用率。河南省出台了针对物业服务企业或充电运营企业的补贴措施，按照每年新建自用充电桩数量进行补贴，推动自用充电桩的建设。我国部分省市运营商充电运营补贴办法见表5-4。

表5-4 我国部分省市运营商充电运营补贴办法

省市	公共充电补贴金额
上海市	专用充电桩0.1元/kW·h，公共充电桩0.2元/kW·h（上限均为200元/年/kW·h）
柳州市	0.2元/kW·h
海南省	2021—2025年，补贴标准0.1元/kW·h（上限200元/年/桩）
广州市	0.1元/kW·h（上限200元/年/桩）
江西省	专用充电桩0.15元/kW·h，公用充电桩0.25元/kW·h
合肥市	不高于0.6元/kW·h的奖励
河南省	年度新增自用充电桩5000个以上，给予100万元奖补；年度新增自用充电桩1万个以上，给予260万元奖补；年度新增自用充电桩2万个以上，给予600万元奖补
广西壮族自治区	按运营成本的20%进行补贴，单桩上限电量2000kW·h/年；充电插座上限电量为1000kW·h/年

北京市、上海市、成都市、河南省等地还出台了对于运营商进行考核评级补贴的措施，以督促运营商提高运营效率，提升服务质量。以上海市为例，规定了对专用、公用充换电设施，给予运营用电补贴，按照静态数据、动态数据、在线指标、用户评价及服务水平五项指标评定星级补贴，公共充电桩补贴0.2~0.8元/kW·h，上限1000kW·h/年，专用充电桩及换电设施补贴0.1~0.3元/kW·h，上限2000kW·h/年。部分省市运营商考核补贴办法见表5-5。

除对运营商的补贴资金外，各地还出台了促进用户用电的补贴政策，或者采用充电消费券的形式，促进用户用电充电。我国部分城市居民用电补贴考核办法见表5-6。

居民区自用充电桩的安装率，物业态度是决定性影响因素。因此，部分城市出台了针对物业安装充电桩的奖罚措施，以消除物业阻碍，解决居民区充电难问题。部分省市物业的充电桩安装奖惩措施见表5-7。

表 5-5 部分省市运营商考核补贴办法

省市	考核依据	考核内容
北京市	日常运营：服务费、充电桩利用率	获 A 级充电站：奖励 0.2 元 /kW·h，上限为 1500 元 /kW·h
北京市	年度考核：安全生产、维护管理、互联互通	获 A 级充电站：奖励 106 元 /kW·h，上限为 20 万元 /站·年
上海市	在线指标、用户评价、服务水平	公共充电桩 0.2~0.8 元 /kW·h，上限 2000 元 / 桩；专用充电桩 0.1~0.3 元 /kW·h
成都市	充电电量考核	<1000 万 kW·h/1000 万~2000 万 kW·h/>2000 万 kW·h，分别补贴 0.1 元 /kW·h/0.15 元 /kW·h/0.2 元 /kW·h
河南省	月平均在线率考核	月平均在线率 ≥ 90%，补贴 0.03~0.05 元 /kW·h，每桩每年奖补电量不高于 10 万 kW·h；高速城际桩，月平均在线 ≥ 95%，补贴 0.1 元 /kW·h

表 5-6 我国部分城市居民用电补贴考核办法

城市	公共充电补贴金额
西安市	1 万元用于私人建桩及充电补贴
广安市	5 年内公共充电桩免费充电
合肥市	新购车一次性 2000 元充电费补贴
天津市	新购车每辆 2000 元汽车充电消费券，不超过 3 万辆
柳州市	电费补贴 0.05 元 /km（不超过 500 元 / 年）
北京市	顺义充电服务费补贴 50%（不超过 0.4 元 /kW·h）

表 5-7 部分省市物业的充电桩安装奖惩措施

城市	物业奖惩措施
安徽省	物业奖励 500 元 / 桩，合肥市对车桩推广较好的小区奖励 10 万元
北京市	"电动社区"计划，对预先接入电源、电缆的社区，给予 1 万元奖励；不配合的物业公司，给予扣除评级分数或曝光处理
柳州市	对物业公司奖励 200 元 / 桩
河南省	对物业服务企业建设自用充电桩的奖补措施，等同于充电运营企业

整体来看，充电设施建设与运营将长期获益于政府补贴支持。地方财政对于充电设施的补贴由建设阶段逐渐趋向运营阶段，从而促进了充电设施的可持续发展。

5.2.5 充电服务费价格偏向于市场化调节

各省市根据电动汽车发展现状,制定了不同充电服务费收取上限标准。充换电服务费政策的制定,让进入充电基础设施建设和经营的企业有了一个清晰的盈利预期,以此促进更多企业和资本加入充电基础设施的建设,有助于加速充电基础设施建设和商业化运营进程。

多数省市针对纯电动乘用车及纯电动公交车设定了两个不同的费用标准。在各省市设定的标准中,纯电动乘用车服务费标准普遍高于纯电动公交车。这主要是因为公交属于公益性行业,且传统公交车有燃油补贴,设定较低的充电服务费标准可保证纯电动公交车使用成本不高于传统燃油公交车。

苏州市、南京市等城市充电服务费上限标准较高,这为吸引运营商落地、提升充电服务水平、获得盈利提供了基础。上海市、河北省、广东省、济南市、唐山市等更多省市充电服务费上限标准较低,以吸引用户充电,提高公共充电桩利用率。我国部分省市充电服务费上限标准如图5-3所示。

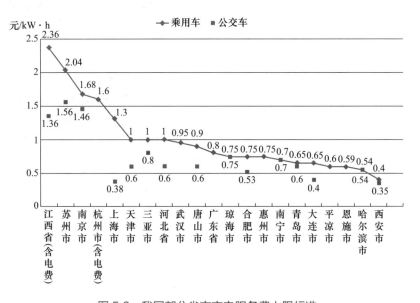

图 5-3 我国部分省市充电服务费上限标准

2020年,我国逐步放开了充电服务费政府定价。2018年4月,北京市首先放开了政府限价,由运营商自行设定。以特斯拉为代表的部分企业上调充电服务费用20%~40%。部分盈利能力强、局部充电网络内竞争激烈的运营商则适当降低了充电服务费用，这有利于抢占当地市场份额。充电服务竞争更加市场化，有利于行业的重组和优胜劣汰，未来会有更多省市逐步取消服务费限价。

5.2.6 行业监督管理逐步加强

部分省市制定了适用于本地的充电基础设施建设管理办法，建立了本地化的充电设施监管服务平台，并以规范运营商的市场准入规模要求、安全体系建设等行为，加强监管，形成本地化的管理体系。

在运营企业规模方面，部分省市要求运营企业充电设施建设数量或功率应该达到一定规模，例如广州市要求运营商设备总功率大于2000kW，深圳市要求大于8000kW，安徽省要求单桩每月充电量大于450kW·h，上海市要求运营商建设2000个以上的充电桩作为申请财政补贴的先决条件。要求运营商接受多种支付形式，包括移动支付、二维码支付、银联卡等，对外经营的公用充电桩须具有统一支付方式。要求运营商建立运行维护管理制度和应急措施预案，设立专业安全巡检人员，明确安全培训和考核措施。鼓励运营企业引入充电设施保险规程。

现阶段，我国新能源汽车和充电基础设施已经进入快速发展阶段。对于车辆在行驶和充电时的各类数据信息进行动态跟踪，对安全隐患进行警告，对事故发生原因进行排查，关系到新能源汽车的安全健康发展。国家层面从国务院到各相关部委，都出台了建设充电基础设施监控平台的鼓励政策，并制定了相关标准，明确了监控平台数据上报内容和范围。鼓励运营商建立安全监控平台系统，对充电设施和充电过程进行安全监控、数据采集，并接入市级统一的公共监控管理平台，实现整体层面的实时监控、动态监管。据不完全统计，全国超过20个省、市已开始/完成地方政府平台建设。目前，具备地方充电基础设施监控平台的共有6省9市，车桩、平台兼备的共计2省7市，除北京市、上海市、山东省等省市外，基本实现了车桩一体化的平台管理。未来，地方政府将进一步推动不同类型平台的建设，形成完善的多级安全监管体系。

5.3 重点区域充电基础设施政策分析

5.3.1 重点区域

1. 京津冀区域

作为空气污染的重点治理区域，国家部委层面连续出台指导政策和措施，将京津冀的新能源汽车发展提升到国家战略高度，从公交、出租、物流等公共领域新能源汽车推广入手，推动公共充电基础设施的建设和应用，形成完善的充电服务市场。

2014年10月，工业和信息化部、国家发展和改革委员会、国家能源局等七部委联合发布了《京津冀公交等公共服务领域新能源汽车推广工作方案》，设定了京津冀2015年底的充电设施建设目标，确定了充电基础设施适度超前、合理布局原则，将充电设施建设与城市规划相结合，做好落地规划和选址工作，鼓励社会资本投资充电基础设施，建立高效安全的充换电服务体系，完善新能源汽车信息服务平台，建立数据采集和处理、远程监控、考核评价信息等智能信息服务系统。

2015年7月，京津冀三地的发展和改革委员会共同签署了《京津冀新能源小客车充电设施协同建设联合行动计划》，分三步建立新能源小客车公用充电设施网络。共列入11条高速公路建设计划，全面推进京津冀区域的高速公路服务区充电设施建设，并在高速公路充电设施主干网络的辐射带动下，加快社会公共停车区域充电设施建设。到2020年，三地力争建设形成京津冀区域一体化的公用充电服务网络体系。

2. 长三角区域

长三角作为我国经济发达、新能源汽车推广速度较快的地区，各省市主管部门均制定了相应的充电基础设施促进政策，以推动区域内充电设施的建设。江苏省通过出台财政补贴政策、制订"十三五"充电设施建设规划、加强安全运营管理等手段，推动区域内充电设施网络建设。浙江省政府通过制订"十三五"充电设施建设规划、公共充电运营商管理办法等措施，以公交车和分时租赁车辆带动私人新能源汽车发展。上海市政府在充电基础设施设计标准体系、充电桩申报安装规程、充电设施发展规划、推广措施等方面，形成了较为完整的政策支持体系，同时，政府也积极参与和指导充电设施的建设运营模式，对新能源汽车产业的健康发展起到了有效的推动作用。

3. 珠三角区域

珠三角区域经济发达，整车及充电设备企业数量较多，政府推动新能源汽车和充电设施发展的意愿较强。在政策支持方面，珠三角区域以广东省级政策为主，协同化程度较高。省相关主管部门从充电基础设施的规划、充电运营管理、财政建设等不同方面，完善充电设施建设和运营发展的政策环境。广州市、深圳市等重点城市在省级政策的承接和落实之外，还出台了地方充电设施建设标准规范和运营管理规范，建设了新能源汽车和充电设施的监控平台，以推动实现珠三角区域充电设施的便捷化和互联互通。

在高速公路充电设施方面，珠三角区域建设网络较为发达。根据广东省交通厅印发的《广东省高速公路充电基础设施建设规划（2018—2020年）》相关规定，到2020年，珠三角区域将形成全面覆盖的高速公路充电网络，在200余个服务区内建成约1000个充电桩。

5.3.2 北京市

北京市充电桩建设处于全国领先水平，截至2020年底，北京市公共充电桩数量已达8.7万个，基本形成由中心向外扩散、充电服务半径小于5km的公用充电网络体系。但超前的建设进度导致充电桩利用率严重不足，2019年北京市公共充电桩利用率仅为1.8%。

为改善充换电设施利用率较低的现状，北京市重点在运营补贴领域加大政策支持力度，细化充电设施建设运营管理办法。2020年3月，北京市城市管理委员会发布了《2020年度北京市单位内部公用充电设施建设补助资金申报指南》和《2019—2020年度北京市电动汽车社会公用充电设施运营考核奖励实施细则》，设定了单位内部公用充电桩建设补贴政策，依据充电设施运营效率、充电设施服务安全稳定性等因素，对社会公共充电设施给出考核奖励政策措施。补贴办法主要包含以下要点。

1. 分类制定奖励考核标准

以充电设施充电量为基准，结合考核评价结果，对充电设施企业给予一定的财政资金奖励。奖励分为日常奖励和年度奖励，其中，日常奖励基于充电量，奖励标准为 0.1 元 /kW·h，上限为 1500kW·h/（kW·年）；年度奖励基于充电设施考核，并按照考核评价结果分等级制定各充电站补贴标准。2020 年北京市充电桩年度奖励等级评定及补贴标准见表 5-8。

表 5-8　2020 年北京市充电桩年度奖励等级评定及补贴标准

充电桩等级	评分要求	补贴标准 /（元 /kW·年）	奖励上限 /（万元 / 站·年）
A	[90，110]	106	20
B	[75，90]	90	17
C	[60，75]	74	14
D	[0，60]	0	0

2. 重点考核充电设施运营情况

2019—2020 年度考核评价指标体系包含安全生产、运营维护、互联互通三大主体项目以及附加项，安全事故及隐患整改完成情况为一票否决项。为进一步提高充电桩利用率，考核评价体系中多个指标均对充电设施的利用率提出了要求：直接考核指标为平均利用率 20 分；间接考核指标包括设施故障率 20 分和状态变化推送及时率 20 分。北京市 2020 年充电桩年度考核奖励评价指标见表 5-9。

表 5-9　北京市 2020 年充电桩年度考核奖励评价指标

一级指标	二级指标	分值
安全生产（15 分）	安全事故	一票否决
	严重隐患情况	15
	隐患整改完成情况	一票否决
运营维护（50 分）	设施故障率	20
	设施管理情况	10
	平均利用率	20
互联互通（35 分）	状态变化推送及时率	20
	状态固定推送及时率	10
	状态推送准确率	5
附加项（10 分）	产品标识评定情况	5
	城市运行保障重点任务完成情况	5

5.3.3 上海市

上海市充电桩利用率水平同样较低，2020年整体利用率不足2%，目前运营商多处于持续亏损状态。因此，上海市充电基础设施鼓励政策措施主要致力于解决充电桩利用率偏低、出租车充电难以及充电桩进小区难等问题。

2020年3月，上海市印发《上海市促进电动汽车充（换）电设施互联互通有序发展暂行办法》，确定了充电基础设施的主要支持措施原则。在补贴发放层面，由设备补贴转为充电量补贴，且仅对示范设施保留设备补贴政策，鼓励大功率直流桩建设。通过对运营指标进行量化，给予不同运营效率的充电站以阶梯补贴。在管理方法上采取市级平台与企业平台两级管理策略，重视运营规范化管理。

1. 充电场站分级评定考核

充电电量考核层面，要求运营企业充电设施可与市级平台实现支付对接，运营企业将市级平台出具的支付证明作为申报运营电量补贴的凭证。

充电场站星级考核层面，根据静态数据、动态数据、在线指标、用户评价及服务水平五个维度进行星级评定。依据评定结果给予分级补贴：在线考核指标包括设备在线率、等效利用小时数、故障率等，占比30%；动态数据、静态数据考核指标，主要包括接入准确率和及时率、动态数据接入情况、智能有序充电等，占比35%。

评定结果共分3个等级，分别可享受用电基本补贴、用电星级补贴资格。其中，补贴总电量不超过补贴电量上限标准，公用充电桩补贴上限电量为1000kW·h/(kW·年)，专用充电桩为2000kW·h/(kW·年)。上海市充电设施星级评定要求及补贴标准见表5-10。

表5-10 上海市充电设施星级评定要求及补贴标准

星级	充电桩类型	补贴标准/(元/kW·h)	评分要求	星级要求
二星	公共充电桩	0.8	≥85分	除具备二星场站要求外，还应具备出租车VIN码识别功能，充电专享停车位数占总车位比例不低于50%或不小于3个
	专用充电桩及换电设施	0.3		

(续)

星级	充电桩类型	补贴标准/（元/kW·h）	评分要求	星级要求
二星	公共充电桩	0.5	75~84 分	支付等运营数据需实时接入市级平台，具备公共服务功能，可有效识别车位信息以解决燃油汽车占位问题
	专用充电桩及换电设施	0.2		
一星	公共充电桩	0.2	60~74 分	
	专用充电桩及换电设施	0.1		
不合格	—	—	<60 分	在线率连续三个月<70%，整改后充电设施工作状态及充电结算信息反馈仍不满足接入条件

2. 运营企业接入考核

对于运营企业的考核与充电场站考核挂钩。运营企业考核中，20% 分数取决于充电场站的运营情况。对于经考核评定为 A 级及 B 级企业的下属星级场站，给予连续 6 年申报用电补贴的资格。此外，是否完成与市级平台对接考核占比同样为 20%，以加强运营企业管理，解决充电桩分布不合理、行业不当竞争等问题。上海市 2020 年市级平台支持政策见表 5-11。

表 5-11　上海市 2020 年市级平台支持政策

类别	补贴标准
技术升级研发补贴	对于市级平台设备升级建设投资及 APP 应用平台升级的相关研发费用，给予 50% 财政资金支持，补贴上限不超过 1000 万元
市级平台初期运营补贴	对 2019—2020 年市级平台运营涉及的公共网络租赁等公共服务费用，给予 30% 财政资金支持，每年补贴上限不超过 200 万元

3. 解决出租车充电难问题

截至 2021 年 3 月，上海市电动出租车保有量约为 6800 辆，约占 5 万辆总数的 14%，出租车充电难成为出租车电动化的障碍。地方政府主要采用了示范场站专用补贴和充电补贴两个方式解决充电难的问题，基于社会公共充电桩为主、出租车专用充电桩为辅的原则，2020 年上海市电动出租车扶持措施及补贴政策见表 5-12。

表 5-12　2020 年上海市电动出租车扶持措施及补贴政策

类别	措施 / 补贴		
夜间充电	对具备在居住地安装充电设施的出租车驾驶员，可按分时共享模式建设交流充电桩，与电网企业结算按居民电价执行		
	对不具备安装充电设施的出租车驾驶员，由其所在公司将相关信息提供给市级平台，由市级平台组织充电桩的匹对工作		
	鼓励公共停车场（库）经营者对出租车夜间过夜停车费用给予优惠		
充电示范站（日间补电）	充电示范站建设为期 3 年（2020—2022 年），目标是在全市出租车运营集中地每年建成 15 个示范站		
	示范站要求	集中服务半径小于 5km	
		站内具备休息、如厕等服务功能	
		以直流充电桩为主，停车位全部为新能源车共享，具备出租车 VIN 码识别功能、优先预约充电功能	
	补贴政策	运营补贴	享受用电运营补贴
		设备补贴	充电设备金额 30%，补贴上限直流充电桩 600 元 /kW，交流充电桩 300 元 /kW
		电网企业给予电力接入支持，保障出租车夜间停靠场站的电力接入	
		享受集中充电站的基本电费减免政策	
利用设备充电网络充电	出租车利用市级平台充电可享受额外用电补贴，2020 年补贴标准暂定为 0.4 元 /kW·h		
火车站和机场	火车站和机场至少建设 1 个充电示范站，支持电动出租车进场服务，电动和传统出租车分开排队等候		

4. 推动充电桩进小区

依靠旧充电桩改造和新充电桩扩建解决充电桩进小区的难题，对用户、运营企业、小区分别发放补贴，对旧充电桩进行智能化和共享化改造，提高设备利用率。同时，通过示范小区的方式建设新充电桩，并给予充分的补贴优惠。上海市 2020 年居民示范小区充电桩补贴办法见表 5-13。

此外，上海市对智能有序充电桩的支持力度较大，对于采用能源路由器等智能化改造的充电桩、新增智能充电桩、自（专）用充电桩共享改造等项目均给予一定补贴，2020 年上海市居民区智能有序充电扶持政策见表 5-14。

表 5-13　上海市 2020 年居民示范小区充电桩补贴办法

类别	具体补贴标准		
充电设备补贴	充电设施（含解决燃油汽车占位的停车设施）按充电设备金额的 50% 标准给予补贴		
	直流充电设施补贴上限 600 元/kW，交流充电设施补贴上限 300 元/kW		
运营补贴	按专用充电设施标准给予用电运营补贴政策		
小区补贴	对示范小区给予一次性补贴，补贴由充电企业代为申请，用于补充小区公共收益	新建 3~5 个车位	补贴上限 3 万元
		新建 6~10 个车位	补贴上限 5 万元
		新建 10 个车位以上	补贴上限 8 万元
电价支持政策	与电网企业结算电价执行居民电价标准		

表 5-14　2020 年上海市居民区智能有序充电扶持政策

类别	具体补贴标准
居民区建设智能充电桩	居民区已有充电桩通过加装能源路由器等方式进行智能化改造，按每桩 200 元标准给予财政补贴
	新增具备智能充电功能的自用充电设施的，具体技术标准由市经济和信息化委员会另行组织制定
自（专）用充电桩共享改造	补贴标准为 500 元/桩，由充电企业代为申请
自（专）用充电桩共享运营	对外提供公共服务的共享电量可享受运营补贴，补贴电量以市级平台订单数据为准，补贴标准按专用充电设施执行
充电桩示范小区	2020—2022 年在中心城区（外环以内）每年建成 10 个充电示范小区

5.3.4　广州市

2020 年 3 月 25 日，广州市工业和信息化局发布《广州市电动汽车充电基础设施补贴资金管理办法（修订征求意见稿）》。与 2019 年补贴政策相比，该文件对各类充换电设施的补贴标准都进行了提升，对住宅小区公共停车区域充电设施建设提高了补贴标准，以进一步促进居民区充电设施建设积极性。对专用、公用充电设施的年度运营电量进行补贴，按照 0.1 元/kW·h、单个充电站平均每桩每年不超过 2000h、单个换电站平均每电工位每年不超过 3000h 的统一标准执行。

鼓励优先建设换电设施和直流充电设施，提升充电服务便捷度。除补贴单价标准提升外，广州市同时将补贴项目充电设施总功率的要求由 2000kW 提升到 5000kW。其中，交流功率数可由直流功率数按 1∶5 的比例替代，交流功率数可由换电功率数按 1∶25 的比例替代。补贴政策对换电设施、直流充电设施的倾斜，意在提升快速充换电设施的建设规模，提高充换电设施的服务效率。广州市 2019 年及 2020 年充电设施建设项目补贴标准对比见表 5-15。

表 5-15　广州市 2019 年及 2020 年充电设施建设项目补贴标准对比

充电设施建设项目类型	2019 年补贴标准（元 /kW）	2020 年补贴标准（元 /kW）
直流充电桩、交直流一体化充电桩、无线充电设施	200	300
交流充电桩	30	60
换电设施	1000	2000

5.4　充电基础设施政策发展趋势总结

我国充电设施产业政策体系已基本完善，在国家和地方层面的密集政策支持下，产业面临的突出问题已得到有效解决，充电设施保有量得到较快增长。

未来在中央和各级政府强力推动下，我国充电基础设施建设将进一步加速，扶持政策也呈现出一些新趋势。地方财政补贴将转向支持充电基础设施建设和运营、新能源汽车使用和运营等环节，进一步完善充电设施补贴、充电服务费定价、用电补贴、税费减免等支持措施，以促进充电设施建设，加强充电市场的培育，并逐步引导运营商实现盈利。另外，各级政府将进一步完善财政支持措施，逐步推动充电设施安全监管平台建设，完善充电设施认证制度，出台支持充电新技术的政策，推动充电市场健康快速发展。

第 6 章
我国充换电商业模式现状

6.1 充电商业模式的发展历程

我国充电基础设施的发展可分为四个阶段,分别是市场培育期、爆发增长期、行业洗牌期、新机遇期。自 2006 年起,我国充电基础设施开始建设,2014 年左右进入规模化建设阶段,经过市场培育、发展和行业洗牌,目前进入新的快速发展机遇期。我国充电基础设施建设发展时期如图 6-1 所示。

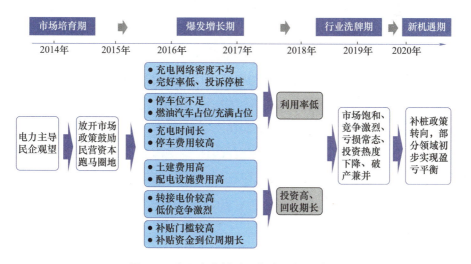

图 6-1 我国充电基础设施建设发展时期

1. 市场培育期（2006—2014年）

2014年前，我国公共充电设施的建设工作主要由国家电网和普天新能源等国有企业承担，尚未向社会资本敞开大门。2006年，比亚迪在深圳总部建成首个电动汽车充电站。2008年奥运会期间，北京建设了国内首个集中式充电站，可满足50辆纯电动客车的充电需求。2009年，上海电力公司投建了国内第一座商业运营的充电站。2011年，国家电网和普天新能源开展了充电设施的规模化建设。该阶段由于新能源汽车刚刚普及，充电基础设施整体保有量较低。

2. 爆发增长期（2014—2018年）

2014年，国家电网宣布全面放开分布式电源并网工程与电动汽车充换电设施市场，充电桩市场进入自由竞争的开放阶段，大量民间资本开始涌入。2015年，国务院办公厅又出台了《关于加快电动汽车充电基础设施建设的指导意见》，国家发展和改革委员会等多部门也联合出台《电动汽车充电基础设施发展指南（2015—2020年）》，制订了明确的建设规划目标，大量社会资本的进入带动了大规模投资建设，运营企业开始了"跑马圈地"式的扩张，充电设施建设进入了爆发式的增长阶段，车桩比由2015年的10∶1左右发展到2018年底的3.3∶1。

3. 行业洗牌期（2018—2019年）

行业经过短期快速增长后，充电桩数量逐步饱和，市场竞争激烈，但车辆需求端并未完全匹配，快速发展带来的问题逐渐凸显，例如充电网络布局不均匀、充电接口不统一、老旧充电桩完好率低等。多数运营企业采用了自建充电设施的重资产模式，投资成本大、费用高，且收费模式单一、充电桩整体利用率低，导致运营商收益较低，亏损成为常态。因此，资本投资热度在2018年后逐步降低，2019年的融资金额较2016年减少了约50%。部分中小型运营商破产或者被兼并，例如曾经位于充电运营第一梯队的北京富电绿能科技股份有限公司于2018年7月宣布退市，深圳容一电动科技有限公司于2018年7月宣布解散，深圳聚电网络科技有限公司于2018年4月被深圳沃尔有限公司收购。

4. 新机遇期（2020年至今）

2019年，国家对新能源汽车的补贴支持逐步由车转向充电桩，各地方政府也加大了对充电设施的政策支持力度。2020年初，充电设施建设被纳入"新基建"中，各地方政策的扶持力度进一步加大，再次激发了资本热度，部分优质企业在短期内得到新一轮大量融资。大量掌握资本和技术的企业进入充电设施建设运营领域，将大数据、5G 等新技术与充电设施融合，充电基础设施行业迎来了新一轮发展周期。在商业模式上，运营商已转变为与盈利匹配的发展模式，例如专注以运维服务为主的轻资产业务、剥离重资产业务、增加快充桩建设比例等。部分行业新兴企业迅速崛起，例如云快充和依威能源快速抢占了市场并跻身前 5。

6.2 主流商业模式

6.2.1 充电运营商主导

运营商主导模式，由专业充电运营商完成充电设施的投资建设和运营维护，向用户提供充电服务。该模式下，充电场站布局和运营服务更为灵活，可充分展开市场化竞争，推动行业发展。目前，该模式已成为充电运营的主流商业模式，但对运营商的资金规模和渠道资源要求较高。主要运营企业包括特来电、星星充电、国家电网等，占据了充电运营服务的主要市场。电网企业具有较强的电力和资源背景，民营企业则具备了市场灵活性和资金便利性优势。充电运营企业主导下的充电基础设施商业模式如图 6-2 所示。

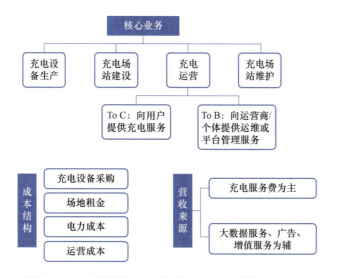

图 6-2 充电运营企业主导下的充电基础设施商业模式

在该模式下，运营商普遍承担了设备生产、场站建设、运营及维护等服务和建设成本。其核心业务，一是通过手机应用程序（APP）向普通用户提供充电桩查找、充电、支付等服务；二是通过"软件即服务"（Software as a Service，SaaS）平台，向不具备独立建设运营平台能力的中小运营商或运营个体，提供一体化解决方案，包含充电桩接入、委托运营、设备监控、结算、大数据分析、车辆信息管理等服务。部分以第三方平台管理服务为主的运营商，则只承担面向企业（To B）的业务，收取一定的增值服务费。

运营商主导模式下，主要优势在于市场化竞争更为高效，可推动行业持续良性竞争，提高运营管理效率，但也存在运营商之间充电支付无法互联互通、重资产运营模式比例较高等问题。具体情况总结如下。

1. 运营收入来源单一，盈利能力不足

该模式下，运营商的成本主要包括充电设备购置、场地建设成本或租金、电力成本等。主要收入来源以充电服务费为主，收益取决于服务费定价和单桩利用率两个因素。由于用户对运营服务费定价较为敏感，提高单桩利用率是运营商提升盈利能力的重要因素。

目前，充电运营企业的盈利能力普遍较差，多数运营企业由于建设运营成本较高、充电桩利用率不足，充电运营业务均处于亏损状态，仅特来电宣布实现盈亏平衡。提高公共充电桩利用率可以有效缩短投资回报周期，合理的选址布局和加大直流充电桩的比例将成为提升利用率的关键。

此外，提供各类增值服务，提供平台委托管理服务等，也成为增加盈利水平的多元化商业模式探索。部分运营企业仅以平台建设和委托运营为主，摆脱了充电设施购置、建设等重资产经营模式，短期内实现了盈利。部分重点头部企业以大数据为基础，向整车企业、出行企业提供较高价值的数据分析服务，这也成为重点关注的盈利方向。

2. 充电服务费定价逐渐放开，市场化竞争进一步加剧

目前，大部分城市充电服务费上限价格由地方政府制定，普遍在 0.4~1.3 元/kW·h 之间，以确保电动汽车使用成本显著低于燃油汽车。现阶段，充电服务市场已经形成充分竞争局面，各主要运营商充电服务费单价均低于当地政府指导上限价格，充电服务费平均价格为 0.5~0.6 元/kW·h，部分城市甚至出现了低至 0.1 元/kW·h 的竞争情况。

根据政策要求，2020年后，充电运营企业可逐步实现市场化定价。北京市、济南市已经率先取消了定价上限，运营商可自主设定价格。然而，由于市场竞争激烈，用户对服务费变动较为敏感，运营企业普遍保持了较低的充电服务费标准。

3. 运营商主导下的合伙人模式逐渐应用推广

合伙人模式是运营企业主导模式的一种延伸，由资源募集方提出需求，引导具备资源的企业或个人，共同开展充电设施的建设和运营，实现资源和收益的合理分配，推动行业发展。

合伙人模式的招募方一般具备丰富的行业资源，往往是行业内具有较强影响力和背景的大型运营商。与传统运营商主导模式相比，合伙人模式将明显降低运营商重资产负担，有效盘活社会和资本资源，开拓上下游合作，将对充电服务产业产生积极影响。在星星充电等民营企业探索实行后，国家电网、中国南方电网和小鹏汽车等运营企业或车企，都先后开展了充电合伙人的招募。电网企业拥有深厚的电力资源与背景，因此在该模式的推广中优势明显。合伙人充电基础设施运营模式如图6-3所示。

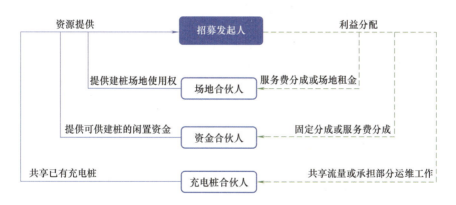

图6-3 合伙人充电基础设施运营模式

6.2.2 车企主导

以车企为主导的运营模式，主要分为自主建桩和合作建桩两种模式。车企主导充电桩的建设，主要是为了打造独立的充电服务品牌，向用户提供更加优质的充电体验，以带动电动汽车销售，形成完整的闭环体系。而与运营企业合作建桩，则可在一定程度上降低建桩成本。

对于整车企业，建立充电品牌和开展运营业务，短期内很难实现盈利，但建立的优质充电服务可成为电动汽车销售的优良杠杆。近年来，造车新势力车企纷纷布局充电服务，为车主提供更优质的充电体验。

车企自主建桩模式中，由于建桩成本和后期维护成本较高，而收入只有电费差价和服务费，且服务普遍只面向固定车主，利用率低，无法实现盈利。因此，自主建桩对车企的资金和用户数量都有较高的要求，需要车企具备稳定的用户群体。

独立建桩对于车企而言成本过高，资金压力较大。以特斯拉和蔚来为代表的车企，分别采取了以超级充电站或换电站为主的两种不同技术路线，建立完善自己的充换电网络。而以小鹏、威马为代表的车企，则采用了与运营企业共同建设充电品牌的方式，利用运营企业成熟的技术和经验，快速形成自身的充电服务品牌。车企主导及与车桩企业合作的充电设施运营模式如图6-4所示。

图 6-4　车企主导及与车桩企业合作的充电设施运营模式

6.2.3　第三方平台主导

为进一步提升充电设施的互联互通，对小规模充电桩进行集成化运营，第三方充电服务平台主导模式应运而生。第三方充电服务平台一般不直接参与充电桩的投资建设，而是通过搭建SaaS运营平台，依靠自身资源整合能力，接入各类运营企业的充电桩，以智能管理为依托提供商业服务，充电流量成为其最大的竞争优势。以第三方平台为主导的运营模式可打通不同运营商之间的充电壁垒，为用户提供更便捷的充电体验。第三方平台主导的充电设施运营模式如图 6-5 所示。

图 6-5　第三方平台主导的充电设施运营模式

第三方平台除提供基础充电平台运营管理服务外，还可针对不同客户制订特色服务。例如可针对充电设备客户，提供实时充电设施监测、智能维保、电桩布局图等特色服务。针对其他中小运营商，可提供用户画像、智能巡检、资金监管等服务。针对充电用户，可提供充电互联互通、账户管理等服务。

在此模式下，第三方平台的主要收益源于充电服务费分成、大数据挖掘、增值服务等。但由于第三方平台与充电运营商存在一定利益冲突，一旦运营合作收益不及预期，运营商退出就会导致第三方平台价值下降。因此，这种模式需要在合作建立之初明确利益关系和收益分成方案，稳定流量优势后，以增值服务为主进一步完善运营模式。

第三方平台牵头的优势，是能够在一定程度上提升中小运营企业的充电桩流量，提升充电设施利用率，增加运营企业的收益。另外，规模化的平台管理，可以在一定程度上节约社会资源，利用大数据进行选址推荐及决策，提供标准化的行业解决方案，提升用户体验感。

6.3　我国充电运营产业发展情况

6.3.1　产业链整体情况

我国电动汽车充电桩行业产业链共分为三个环节。产业链上游参与者为充电设备生产制造商，主要产品包括充电桩体、充电模块、滤波设备、计费监控设备等，主要生产企业有科士达、盛弘电气、国电南瑞、许继集团、科陆电子、思源电气等；产业链中游参与者为充电桩运营商，包括专业充电运营企业、电网企业以及部分整车企业；产业链下游参与者主要是各类电动汽车用户，包含运营车辆经营企业、个人电动汽车用户以及部分整车企业。

1. 产业链上游

在产业链上游的充电设备生产端，制造充电设备所需电子元器件技术门槛较低，产品同质化较为严重。而充电模块的核心电子元器件绝缘栅双极型晶体管（IGBT），进口依赖度较高，导致各充电模块产品性能趋同，行业竞争激烈。此外，在"新基建"的带动下，充电桩市场需求大幅上升，具备较强技术实力的市场参与者不断增加，行业竞争加剧，行业平均毛利率逐年下行。

因此，上游生产企业向中游运营市场延伸的动力增强，产业链上游和中游的整合趋势日益明显。特来电、星星充电等行业头部企业，都从充电设备生产领域拓展至运营领域，并占据了主要市场。

2. 产业链中游

目前，充电基础设施的建设发展主要由产业链中游的运营企业主导，对接产业链上游的设备采购和产业链下游用户的充电服务，需要完成充电桩投资、充电服务、运维等全流程建设，资本压力较大。同时，由于充电桩行业具有投资回报周期长的特点，对运营商们的资金链要求较高。

自2009年起，国家电网和中国南方电网成为充电桩建设的主要参与者。市场向民营资本开放之后，特来电和星星充电成为市场占比最高的两家充电桩运营商。从未来投资规模看，上述企业将继续坐稳龙头位置。目前，我国充电设施建设运营的主要参与主体见表6-1。

表6-1 我国充电设施建设运营的主要参与主体

主体	代表企业	特点
电网企业龙头	国家电网、中国南方电网	旗下有大量设备生产制造企业，具备电力资源优势，以广泛的电网基础设施建设为依托，资金实力雄厚
民营充电设备商	特来电、星星充电	以充电桩制造为前期主业，同时布局下游充电桩运营市场，打通上下游产业链

(续)

主体	代表企业	特点
第三方民营企业	云快充、深圳车电网	不具备充电设备生产能力,以创立第三方管理平台为主业,吸纳广大中小运营商加盟
车企	上汽安悦、特斯拉、比亚迪、蔚来	参与充电运营以配合汽车销售,自建充电桩,吸引购车

3. 产业链下游

充电桩行业的下游参与者包括各类电动汽车用户和部分整车企业。在当前电动汽车行业竞争激烈的环境下,部分整车企业为寻求差异化竞争,选择与上游和中游企业合作,建立专属的充电网络,形成自身品牌优势。随着充电设施的完善,消费者购买电动汽车的意愿进一步增强,带动了整个产业链的发展。

6.3.2 市场资源向头部企业聚集,马太效应显现

截至 2020 年底,共有 36 家运营商向充电联盟上报公共充电桩数据。自主建桩或托管充电桩数量在 2000 个以上的规模化运营企业达到 21 家,运营数量超过 1 万个充电桩的运营商增至 9 家,市场占比约为 91.6%。特来电、星星充电两家运营企业充电桩总数超过 20 万个,国家电网达到 18 万个,形成充电运营企业三足鼎立格局,TOP3 运营商市场集中度约 73.6%,马太效应明显。截至 2020 年底,我国主要运营商充电桩建设数量如图 6-6 所示。

我国充电设施运营领域行业集中度较高,三家头部企业优势显著。由于充电设备降价速度快、技术门槛不高,2016 年后,大量中小运营企业进入充电运营领域,三家头部企业市场占比有所下降。但由于运营盈利困难,部分企业在 2018 年后破产或退出运营领域,头部运营企业依靠较为完善的充电网络,充分发挥规模化优势,TOP3 市场占比再次提升至 70% 以上。2016—2020 年,TOP3 运营企业市场占比变化情况如图 6-7 所示。

此外,云快充、深圳车电网等第三方平台主导的运营企业,大量吸收了不具备自建平台能力的小微运营企业,形成了较快的市场增速,并整合了分散的充电桩资源。特来电、星星充电利用自有平台优势,也接入了大量不具备自建充电平台能力的中小运营企业。

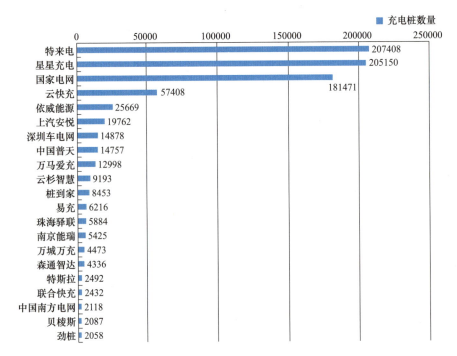

图 6-6 我国主要运营商充电桩建设数量（建设数量≥2000 个）

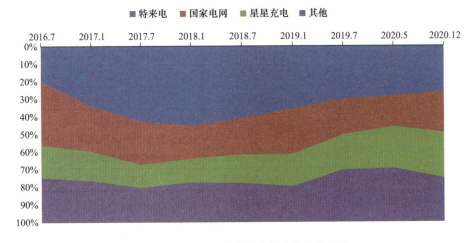

图 6-7 TOP3 运营企业市场占比变化情况

近年来，我国充电桩运营市场集中度不断提升，主要原因在于充电桩运营规模效应强、前期投资大、投资回报周期长，对于企业的资金、渠道和经营能力要求较高。因此，在短时间内，我国电动汽车充电桩市场将维持较高的集中度。

6.3.3 行业发展痛点在于盈利难、充电不便利

充电设施运营具有前期投入高、回报周期长等特点，前期运营商普遍追求建设速度和规模，造成充电桩布局不合理，部分充电桩利用率不足，盈利困难。充电运营行业发展过程中，行业问题主要表现在燃油汽车占位严重、老旧小区容量不足、充电桩利用率不均、坏桩率高、监管困难等方面。目前，全国公共充电设施综合利用率不足 10%，部分高速公路充电设备全年利用率仅为 2%。充电设施行业发展痛点如图 6-8 所示。

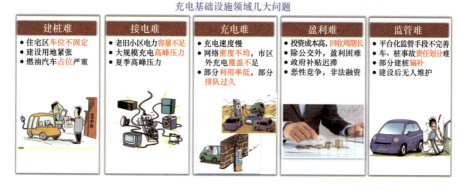

图 6-8　充电设施行业发展痛点

形成目前充电设施行业痛点的主要原因，分析如下。

1. 盲目建设，充电网络规划不合理

行业发展初期，出现大量"跑马圈地"现象。运营商为抢占市场份额，充电桩选址仅考虑场地和电力资源，重视建设数量而缺少合理布局规划。公共充电桩与车辆分布不匹配，充电需求旺盛地区排队充电现象突出，部分位置偏远充电桩利用率低，加大了运营维护成本。部分城市停车位稀缺，建桩场地获取困难。各地充电桩建设审批流程、电网公司对于电力接入周期和费用不统一。部分新建小区未能严格落实新建小区 100% 配建或预留充电桩安装条件的要求。部分老旧小区无固定车位、用电容量和安全性不足，物业阻碍等问题，影响小区充电桩布局建设。重点商业区域燃油汽车占位频发，影响用户充电体验。

2. 投资成本高，运营收益来源单一

为快速占领充电场地，部分运营企业大量投资建设低成本的交流慢充公共

充电桩。由于不符合用户公共充电习惯，导致整体利用率低下，回报周期长。多数运营商收益普遍依靠充电服务费，收入来源单一，完全依赖于用户充电量需求，难以快速实现盈利。部分租赁场地在收取停车费之外，要求与运营商进行充电服务费利润分成，也在一定程度上影响了盈利。

3. 产品质量参差不齐，无法实现互联互通

由于行业发展初期充电设施标准化体系不够完善，充电桩制造业门槛较低，产品质量参差不齐，导致大量前期投建的充电桩因标准不统一而质量问题频发，互联互通体验较差，部分充电桩出现了充电时损坏或者自燃问题，影响了电动汽车推广和充电基础设施建设应用。

4. 峰谷电价执行不及预期

国家发展和改革委员会 2014 年出台政策，使用价格杠杆加速电动汽车推广，鼓励运用峰谷电价促进电网削峰填谷。但在全国范围内，居民峰谷电价普及程度较低，无法推动大规模电动汽车用户在夜间低谷用电。对大型充电场站而言，夜间充电桩使用率也较低，峰谷电价整体推进不及预期。

因此，行业发展的痛点可认为是前期盲目扩张所致，部分运营商已经开始由重资产向轻资产转变，重视运营维护和大数据开发价值，提升单桩利用率，提高盈利水平。

6.4 未来商业模式发展趋势

6.4.1 B 端充电服务将带动企业逐步实现盈利

公交车、出租车等运营领域车辆的电动化趋势已成必然。公共领域充电设施数量虽然较少，但充电需求量大且充电时间固定，因此 B 端充电服务成为众多运营商争夺的重点领域。特来电、国家电网、星星充电等头部运营企业都深度参与公交车辆的充电运营服务，获得了稳定收益并实现盈利。对于地方中小型运营商来讲，也可借助本地优势介入运营领域充电服务市场。但长期而言，B 端市场容易饱和，竞争将更为激烈，运营商的服务重点将逐渐向私人用户，即 C 端转移，精细化、差异化运营将成为下一步发展重点。目前，针对 B 端和 C 端的运营商充电服务领域市场特点如图 6-9 所示。

	B端市场	C端市场
	B端用户充电量占比：70%~80%	C端用户充电量占比：20%~30%
用户群体	出租车、公交车、物流车、环卫、网约车、工程车等运营车辆	私人电动汽车出行补电或部分无桩用户日常充电
用户特征	数量少，增速慢，充电需求稳定且时间固定；对充电速度要求高，对充电成本敏感	数量多，增速快，充电场景分散，充电体验要求较高
需求特征	直流快充为主	慢充+快充，更倾向于快充

图 6-9　针对 B 端和 C 端的运营商充电服务领域市场特点

随着充电服务费上限的放开，头部运营企业更容易实现盈利。经历行业洗牌期后，头部运营企业将能够继续扩展市场。充电桩的建设将实现规模化效应和地域垄断。在明确的运营模式和盈利模式引导下，行业将进一步走向成熟。

6.4.2　换电模式探索将进入新阶段

在国家政策激励下，换电模式发展进入新的阶段，各类换电运营模式兴起。以蔚来汽车、北汽新能源为代表的整车企业，分别在私人领域和出租领域推动换电模式商业化运营。蔚来汽车在 2021 年 4 月与中国石油化工集团有限公司签订了战略合作协议，共同推动加油站中的换电站建设。国家电网公司在前期公交换电模式的基础上，进入重型货车、矿车、物流车辆的换电运营领域，提升了公共领域车辆的电动化水平。

换电模式主要应用在高频、重载类车辆及部分私人领域。在高频使用车辆领域（例如公交、出租等），换电模式补能时间可控，有利于提高运营效率；矿山、码头等领域的"高载荷""高强度"载重车辆，也适合采取换电模式，以解决动力电池过重、充电耗时的问题；在私人领域，北汽新能源、蔚来汽车也在尝试换电模式的商业化推广。另外，在一、二线城市推广换电模式，可满足部分无法自建充电桩用户的充电需求。同时，换电站可实现反向换电，用户可利用在家使用低谷电充满的动力电池，向换电站申请更换电量不足的动力电池，以实现一定的峰谷电价差盈利，便于用户直接参与能源互动。智能化、通用化、共享化、无人化的换电站将在未来逐步占据一定市场份额，实现换电资源的合理配置。换电模式未来适用场景如图 6-10 所示。

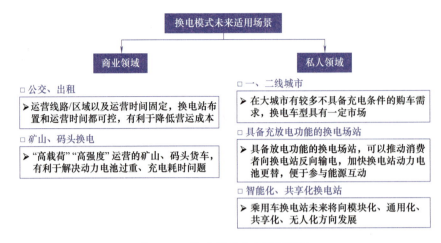

图 6-10 换电模式未来适用场景

在换电模式发展的过程中，共享换电成为目前各整车企业与运营企业关注的焦点。理想条件下的共享换电模式，可实现单一换电站兼容多种品牌车型和动力电池包，提高了换电服务负荷，增强了换电服务能力，提升了换电站服务效率，提高了换电运营的商业效率。对于用户而言，共享换电可提高换电网络的布局，使能量补给更加便利。对于全社会而言，共享换电可降低土地、配电、空间的占用，节约社会总资本，提高产业整体效率。

6.4.3 不同类型运营企业将实现差异化经营

尽管我国充电行业集中度已处于较高水平，但随着"新基建"的推动，充电行业的竞争热度将进一步上升。运营企业间的竞争集中于充电桩网络建设布局、平台规模化推广等层面。伴随电动汽车保有量的快速增长，企业间竞争将更加激烈，企业将通过创新商业模式、深耕细分市场等方式寻求差异化竞争。

对于龙头企业而言，由于在充电桩布局等方面拥有先发优势，随着电动汽车保有量的提升，合理布局下的充电桩利用率将得到增长，从而改善盈利能力。传统运营企业积极拓展投融资模式，实现融资模式的多样化，各运营企业间的合作逐步增多。2020 年 3 月，国家电网启动了"寻找合伙人"计划，吸引桩主、用户、生产企业、场地拥有者、资金拥有者五类对象，以桩、场地、资金等方式加入，分享经营收益。同年 5 月正式宣布启动"国网电动社会桩开放平台项目"，并公布首批 51 家合作伙伴。中国南方电网也于 2020 年 3 月向社会推出"场地、车队、充电站、销售渠道"4种模式的开放合作伙伴计划。特来电与国家电网宣布在政府平台开发、公共充电站建设、居民小区充电桩建设领域加强合作。龙头企业之间的合作意味着新一轮兼并重组即将到来,行业集中度可能进一步提高。

对于中小型运营企业而言,随着新能源汽车进一步在非限购区域推广,得益于中小城市及乡镇充电基础设施的进一步普及,依靠本地优势开展集中化运营仍存在市场空间和盈利条件。

6.4.4 核心竞争力将由资金优势转向综合运营能力优势

在市场开拓阶段,运营商的核心竞争力主要体现在建桩资源整合能力。短时间内集中充足的资金、土地资源的运营企业,可获得较多市场份额。随着充电服务市场的竞争逐步白热化,用户对于充电服务体验的要求越来越高,且无序拓展充电网络将在一定程度上增加企业资金压力。因此,企业的竞争优势将从市场开拓能力逐步转向运维服务能力。通过充电网络的合理布局、充电桩的稳定运行、充电的便捷高效、综合服务的差异化将吸引更多用户及资本。未来充电服务市场逐步成熟,综合运维能力将成为企业最核心的竞争能力。充电运营企业的资源整合能力及综合运营能力如图6-11所示。

图6-11 充电运营企业的资源整合能力及综合运营能力

6.4.5 企业进一步加大投资,融资渠道拓宽

"新基建"提升了行业投资力度,包括电网企业在内的各类社会企业提出了新基建投资金额或建设目标,仅2020年统计,部分运营企业和车企充电设

施投资计划已超过 100 亿元,充电桩建设目标超过 30 万个。部分运营企业及车企 2020 年的充电设施建设规划及重点任务见表 6-2。

表 6-2　部分运营企业及车企 2020 年充电设施建设规划及重点任务

重点企业	投资金额	建设目标	备注
国家电网	27 亿元	7.8 万个	预计投资超过 50 亿元
南方电网	12 亿元	1 万个	"十四五"期间投资 381 亿元
特来电	20 亿元	5 万个公共充电桩	
星星充电	10 亿元		带动城市合伙人投资 30 亿元
宝马中国		14 万个(总数达到 27 万个,含 8 万个直流充电桩)	与国网电动合作,推广即插即充
特斯拉		4000 个超级充电桩	
…			
合计	超 100 亿元	超 30 万个	

此外,社会资本的关注度显著提升,运营企业融资次数大幅增长。截至 2020 年底,全国范围内充电设施行业融资次数已超过 500 次,且多集中在天使轮和 A 轮。另外,充电基础设施行业具有新基建、运营稳定等特点,随着不动产投资信托基金(REITs)试点的推出,相关企业和项目有望进一步拓宽融资渠道。2020 年充电行业部分融资事件见表 6-3。

表 6-3　2020 年充电行业部分融资事件

企业名称	融资金额	投资方
特来电	13.5 亿元 A 轮	国调基金、国新资本、鼎辉投资
简单充	2500 万元战略投资	蚂蚁集团
能链集团-快电	9 亿元 D 轮融资	中金资本、小米集团

6.4.6　运营主体进一步多元化

在政策的明确支持下,大量社会主体进入充电领域。能源、汽车、互联网、金融、房地产等行业企业,结合自身优势寻找产业链细分定位,充电运营主体呈现多元化发展趋势。以华为为代表的硬件厂家、以蚂蚁金服为代表的互联网企业、以宁德时代为代表的能源企业,分别参与到充电模块研发、充换电设施运营等领域,促进了充电技术进步和经营模式创新。后发企业可避免前期盲目建设现象,加速市场竞争和企业优胜劣汰,对整个充电行业产生积极影响。近年新入局充电行业的部分主体如图 6-12 所示。

	硬件厂商			房地产商		互联网企业		
代表企业	华为	宁德时代	大众	恒大 万科	碧桂园 融创	滴滴	蚂蚁金服	高德
进入策略	华为:发布HiCharger直流快充模块			与国家电网等行业巨头成立合资公司或签订合作协议		滴滴:建立充电桩聚合平台		
	宁德时代:成立合资公司开展充换电设施建设运营等					蚂蚁金服:投资入股简单充		
	大众:成立合资公司生产储能快速充电桩					高德:推出高德充电地图		
特征分析	●拥有研发、技术、生产优势			●拥有稀缺场地资源成为其绝对优势		●具有强大的引流能力 ●商业模式的创新和信息聚合能力带动实现盈利		
行业促进作用	●通过市场竞争降低充电设施价格 ●加速突破动力电池和充电技术			●可解决居民区充电问题 ●提高充电便利性和能源利用率		●解决用户找桩难问题 ●促进充电桩互联互通 ●解决支付不便问题		

图 6-12 近年新入局充电行业的部分主体

除硬件企业、房地产企业、科技企业外,传统能源企业、保险企业等主体,也在积极布局充电桩的建设、零部件研发、保险、运营充电等领域。充电行业新入局主体参与方式和方向见表 6-4。

表 6-4 充电行业新入局主体参与方式和方向

参与方向	企业类别	企业名称	参与充电桩新基建方式和目标
社区充电桩建设	汽车销售企业	广汇汽车	合资成立国网广汇,2020 年完成 43 万个社区充电桩建设
	房地产公司	恒大、万科	利用地产开发优势,与电力企业合作布局居民区、商业区、旅游景区等充电设施网络建设
充电设备及零部件研发	外资设备企业	ABB	2020 年 3 月收购上海联桩,主营充电桩研发生产
	科技企业	华为	研发生产充电模块,与特来电在智能充电、4G/5G 通信联接、云业务、充电网标准等方面进行合作

(续)

参与方向	企业类别	企业名称	参与充电桩新基建方式和目标
充电保险业务	保险公司	国网英大、民生、鼎和	在充电桩财产保险和充电安全责任险外，继续开发充电订单险、私人充电桩运营保险等险种
公共充电设施运营	能源企业	中石化、壳牌、BP	均宣布了近期开展加油站+充电站模式，未来或进军加氢站领域
	金融企业	蚂蚁金服	2020年3月投资2500万元入股简单充，占股比例33%，推出支付宝充电示范站——京贝驿站
	零部件企业	宁德时代	2019年7月，入股宁德智享无限科技有限公司，主营充电桩销售；2020年3月，联合成立上海快卜新能源科技有限公司，主营快充运营业务
	地图/出行企业	四维图新、高德、滴滴	上线充电地图及APP，开展充电桩接入及引导业务

新运营主体的加入为我国充电行业注入了活力，使充电基础设施运营模式更加多元化。这有利于运营商之间优势互补，实现合作模式创新，深化产业链融合度，为用户提供更加高效、便捷的服务，推动我国充电桩行业向高质量发展。我国充电设施运营将呈现百花齐放的态势，未来充电基础设施市场的参与企业代表如图6-13所示。

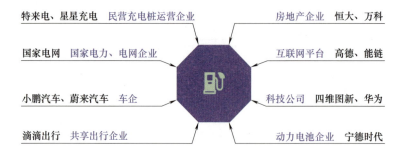

图6-13 未来充电基础设施市场的参与企业代表

6.4.7 互联互通进一步加强，利益分配成为关键因素

随着各类运营主体陆续参与到充电行业中，充电桩之间的互联互通已经成

为行业共识。充电设施之间的互联互通分为车桩物理接口、数据信息、支付三个方面。

物理接口互通在技术上容易实现,整车企业及充电设备制造企业严格执行 GB/T 20234—2015《电动汽车传导充电用连接装置》即可实现。车桩数据信息互联,可实现车辆、动力电池以及充电状态的动态监控和信息共享。在行业主要企业推动下,国内主流大型运营商已经开放、共享自己的充电平台,逐步实现车桩数据共享。消费者可在平台上选择多家运营商的服务,查看充电桩的位置和实时状态。支付方式的互联互通可将不同运营商旗下的充电桩接入同一 APP 内,用户可完成找桩、预约、充电及支付,但由于涉及各运营企业的资金流水、经营收入等核心信息,同时,服务费分成和流量共享较难达成共识,短期内实现全国性的支付互联互通还有一定障碍。充电基础设施互联互通范畴示意如图 6-14 所示。

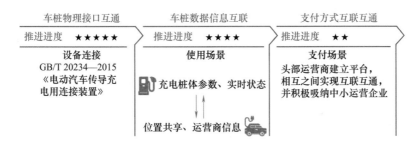

图 6-14 充电基础设施互联互通范畴示意

第三方充电服务平台将成为充电基础设施互联互通的重要工具。通过将公共充电设施数据接入各运营商平台,实现任一参与运营商用户可在平台内所有充电设施完成充电服务。以由国家电网、中国南方电网、特来电和星星充电在 2018 年成立的充电第三方服务平台联行科技为例,截至 2020 年底,已接入充电桩超过 103 万个。其中,国家电网自营充电桩 14 万个,个人充电桩 38 万个,公共充电设施超 51 万个。平台可实现深度互联互通超 50%,全面支持启停、充电和付款。

另外,对于整车企业,尤其是造车新势力企业而言,良好的充电服务是增强售后体验的关键。近年,车企均加强了充电领域的互联互通,增强与其他车企和充电运营企业间的数据协同。通过与充电桩运营商的数据共享和战略协同，协助推动自身充电品牌建立，大幅增加车辆对消费者的影响力。2019年12月，小鹏汽车与蔚来汽车展开充电业务互联互通合作。小鹏汽车将陆续与蔚来 NIO Power 实现全国范围内充电桩分布数据、支付流程的互联互通。2020年7月，特来电宣布将全面接入国家电网、星星充电、中国南方电网的充电桩信息，实现从场站查询、导航、充电到支付环节的全面互联互通。车企与充电运营企业互联互通协作示意如图6-15所示。

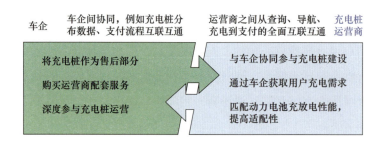

图6-15　车企与充电运营企业互联互通协作示意

6.4.8　增值服务模式将更加多元化

传统增值服务将以充电设施建设和配套服务为主，即通过在充电场站内或附近建设休息、餐饮、零售业务，吸引用户充电，提升场站整体收入，通过引流等方式获得服务分成。

同时，充电桩"新基建"增值服务将结合大数据分析、5G通信技术，进一步推动充电场站的综合服务能力提升，实现商业服务模式多样化和差异化。在"互联网+"的推动下，充电桩将具备智能物联网属性，充电数据将成为拓展增值服务的另一关键因素。基于充电大数据分析，可为用户提供汽车销售、租赁、金融、保险、电商等增值服务。此外，运营商利用充电桩平台，开展充电引流、平台接入、补贴申请、私人充电桩运维等服务，也可获得一定服务收益或分成。综合增值服务可增加盈利渠道，改善运营商盈利模式单一的现状。随着电动汽车推广规模不断增大，此类商业模式和增值服务的创新将逐渐加快。

第 7 章
充电基础设施未来发展趋势总结

未来，我国充电基础设施整体规模必将进一步快速增长，运营主体和运营模式将更加丰富，电动汽车用户将享受到更加高效、便捷的充电服务。

1. 充电技术更为高效、智能

充电技术未来将以提高充电服务体验为核心，满足用户快捷、智能、安全的充电需求。大功率充电、无线充电、换电、V2G 等充换电技术将进入实际应用阶段，并将同时满足不同应用场景下的充电需求，私人乘用、公交、物流、港口、矿区等领域都将形成专属充电方案或实现多种充换电资源优化配置。

2. 充电网络布局更加合理

充电设施行业将与电动汽车产业协调发展。充电设施建设规划与大数据分析相结合，与城市发展规划、地方配电网规划、交通规划等配套行业衔接，实现场站选址布局优化设计，推动行业健康有序发展。慢充实现全面覆盖，快充实现优化布局，城际高速与城区主干路网快速充换电实现网络化发展，形成高效、智能充换电服务体系。

3. 充换电标准形成完整体系

小功率直流充电标准、有序充电标准、V2G 标准、ChaoJi 充电标准等传导式充电标准将进一步完善，重型货车换电、共享换电标准体系建立，充电漫游标准、即插即充标准、充电身份认证标准将完成制定，相关标准的国际化工作将进一步推动。

4. 鼓励政策更加完善

地方财政支持将逐步从设备购置环节转向运营使用环节，同时进一步延长充电设施补贴期限，完善充电服务费定价机制，建立充电设施安全监管平台，建立充电设施认证制度，推动充电市场健康快速发展。

5. 商业模式更为多元化

在"新基建"政策推动下，充电基础设施运营主体将进一步多元化，投融资渠道将更加通畅。不同类型运营企业将实现差异化经营，行业龙头运营企业盈利能力将进一步加强。换电商业模式将逐步扩大应用范围，行业整体将进入新发展阶段。

参 考 文 献

[1] 中国产业经济信息网. 2020年中国新能源汽车产量136.6万辆销量136.7万辆[EB/OL]. (2021-01-18)[2021-05-21]. http://www.cinic.org.cn/zgzz/xw/1017904.html.

[2] 彭博新能源财经. 2020年全球新能源公共充电桩市场概览[R/OL]. (2020-04-29)[2021-05-21]. https://chuneng.bjx.com.cn/news/20200429/1068209.shtml.

[3] 葛军, 孙景文, 吴霜. 2021年新能源汽车产业链投资策略：溢出与涌现[R/OL]. (2021-01-19)[2021-05-21]. https://wk.askci.com/details/da00c196167b4ef9911d9e6e0203bd96/.

[4] 21世纪可再生能源政策网络（REN21）. 2020年全球可再生能源状况报告[R/OL]. (2020-05-20)[2021-05-21]. http://www.199it.com/archives/1048157.html.

[5] 张萱, 叶健诚. 电动汽车充电设施国内外标准概述[J]. 质量与认证, 2016 (12)：44-45.

[6] 王伯军, 李威, 梁士福. 纯电动乘用车大功率充电技术需求分析[J]. 汽车文摘, 2019 (6)：46-49.

[7] 吴鹏飞, 刘宏骏, 郝烨. 电动汽车大功率充电发展现状及趋势研究[J]. 汽车实用技术, 2020, 1：26-29.

[8] 童光毅. 电动汽车充电基础设施[M]. 北京：中国水利水电出版社, 2016.

[9] 中国汽车技术研究中心有限公司. 中国新能源汽车产业发展报告[M]. 北京：社会科学文献出版社, 2020.

[10] 马银山. 电动汽车充电技术与运营知识问答[M]. 北京：中国电力出版社, 2012.

[11] 中国汽车技术研究中心有限公司. 2020节能与新能源汽车年鉴[M]. 北京：中国铁道出版社, 2020.

[12] 节能与新能源汽车技术路线战略咨询委员会, 中国汽车工程学会. 节能与新能源汽车技术路线图[M]. 北京：机械工业出版社, 2016.

[13] 国家电网公司营销部. 电动汽车智能充换电服务网络建设与运营[M]. 北京：中国电力出版社, 2013.